Liebe Eltern!

Diese Mathematik-Lernhilfe „Prozentrechnen" für Schülerinnen und Schüler der 6.-9. Klasse soll eine **Vertiefung**, **Ergänzung** und **Hilfe** zu den in der Schule behandelten Lerninhalten sein. Die Übungsaufgaben sind nach mathematischen Themen und steigendem Schwierigkeitsgrad geordnet: **leicht** – **mittel** – **schwierig**. Die Testaufgaben sind mit der Farbe **lila** gekennzeichnet.

Das **Stichwortverzeichnis** auf der letzten Seite mit den dazugehörigen Aufgabennummern hilft spezielle Aufgabentypen zu finden. Aufgaben für den „Qualifizierenden Hauptschulabschluss" finden Sie am Ende des Heftes (Aufgabe 121 bis 127).
In der **Mitte** des Übungsprogramms befindet sich der **herausnehmbare Lösungsteil** mit **vollständigen Lösungswegen** und **ausführlichen Erklärungen**. Wichtige **Zwischenergebnisse** vor allem bei komplexeren Aufgaben sind grün und **Endergebnisse** rot gekennzeichnet. Die Schülerinnen und Schüler können mit dem Heft **selbstständig** lernen.

Liebe Schülerin, lieber Schüler!

Du wirst sehen, dass Übung den Meister macht und sich Ehrlichkeit dir selbst gegenüber am meisten auszahlt. Bleib mutig und ehrgeizig, auch wenn eine Nuss mal schwer zu knacken ist. Lies dir vor allem die Lerntipps auf der nächsten Seite genau durch. Sie sollen dir helfen, im Rechnen besser zu werden. Nun viel Spaß und Erfolg.

Das wünscht dir dein Mathe-Trainer

Adolf Hauschla

W0048443

10 Lerntipps zum Lösen von Sachaufgaben

1. Arbeite nicht länger als **30-40 Minuten** täglich.

2. Lege eine **Pause von 5-10 Minuten** ein, wenn du schon früher müde oder unkonzentriert bist.

3. **Lies** eine Aufgabe immer **so oft und genau durch**, bis du sie verstanden hast. Wichtige **Informationen** solltest du dabei gleich **unterstreichen**. Gib niemals zu früh auf.

4. Schreibe **übersichtlich und vor allem ordentlich**. So kannst du viele Fehler und Verwechslungen vermeiden.

5. Die Aufgaben in diesem Heft **gehen alle auf**, das heißt, es kommen höchstens 2 Stellen hinter dem Komma vor. Nur ganz wenige Aufgaben gehen nicht auf. Dies ist bei den einzelnen Aufgaben dann eigens vermerkt.

6. Versuche dir den Sachverhalt immer **bildlich** vorzustellen. Fertige, wenn möglich, eine **Skizze** an.

7. Überlege, ob dein Ergebnis überhaupt stimmen kann (**Überschlagsrechnung**).

8. **Arbeite ehrlich.** Schau dir die Lösungen in der Mitte des Heftes erst dann an, wenn du sicher bist, dass dein Ergebnis stimmt, oder wenn du wirklich nicht mehr weiterweißt.

9. Falls du Probleme beim Lösen einer Aufgabe hattest, sieh dir den Rechenweg im Lösungsteil genau an und finde deinen Fehler heraus. Stelle fest, wo du Schwierigkeiten hattest. Versuche diese Aufgabe in **1 bis 2 Wochen** noch einmal zu lösen.

10. Auf der nächsten Seite findest du deine **persönliche Erfolgstabelle**, in die du eintragen kannst, ob du eine Aufgabe richtig oder falsch gelöst hast.

Erfolgstabelle

Hier in dieser Übersicht (Erfolgstabelle) kannst du notieren, ob du eine Aufgabe lösen konntest. Die falsch gelöste Aufgabe solltest du so oft wiederholen, bis du sie richtig gelöst hast.

richtig: Markiere ein Feld grün.

falsch: Markiere ein Feld rot.

Beispiel:

1			
2			

Nr.				Nr.				Nr.				Nr.				Nr.			
1				26				51				76				101			
2				27				52				77				102			
3				28				53				78				103			
4				29				54				79				104			
5				30				55				80				105			
6				31				56				81				106			
7				32				57				82				107			
8				33				58				83				108			
9				34				59				84				109			
10				35				60				85				110			
11				36				61				86				111			
12				37				62				87				112			
13				38				63				88				113			
14				39				64				89				114			
15				40				65				90				115			
16				41				66				91				116			
17				42				67				92				117			
18				43				68				93				118			
19				44				69				94				119			
20				45				70				95				120			
21				46				71				96				121			
22				47				72				97				122			
23				48				73				98				123			
24				49				74				99				124			
25				50				75				100				125			
																126			
																127			

1. Kapitel: Jetzt geht's los!
Leichte Aufgaben

Der Prozentwert ist gesucht!

1 Mia bekommt monatlich 15 € Taschengeld.
Da sie in letzter Zeit im Haushalt fleißig mitgeholfen
hat, wird ihr Taschengeld um 20 % erhöht.

▶ Wie viel Taschengeld bekommt sie jetzt **mehr**?

Rechne in 3 Schritten:

100 % ≙ (entsprechen)	15 € (Taschengeld vor der Erhöhung)
1 % ≙ (entspricht)	15 € : 100 = _____ Tipp: Rechne € in ct um.
20 % ≙ (entsprechen)	_____ ct · 20 = _____ ct = _____ €
	(Multipliziere den Geldwert, der 1 % entspricht, mit 20.)
	Das Ergebnis, also der Betrag, den sie jetzt mehr bekommt, ist der **Prozentwert**.

Lösung siehe **1** im **Lösungsteil** nach Aufgabe **63**.

2 Eine Tafel Schokolade wiegt 120 g. 65 % davon sind Kakao.

▶ Wie viel Gramm Kakao enthält die Tafel Schokolade?

Lösung siehe **2** im **Lösungsteil** nach Aufgabe **63**.

3 Ein Mountainbike, das 850 € kostet,
wird wegen eines Räumungsverkaufs
um 8 % billiger verkauft.

▶ Wie viel kostet es jetzt?

4 Herr Gerber hat einen Stundenlohn von 15 €.
Dieser wird um 2,8 % erhöht.

▶ Wie hoch ist der neue Stundenlohn?

Vergiss nicht, mit der **Erfolgstabelle** auf der **dritten** Seite zu arbeiten.

5 Frau Hauser kauft einen Computer für 1100 €.
Da sie ihn sofort bar bezahlt, bekommt sie
3 % Rabatt (Preisnachlass).

▶ Wie viel muss Frau Hauser für den
Computer bezahlen?

6 Herr Klar hat ein monatliches Bruttogehalt von 2480 €.
Die Abzüge betragen 38 %.

▶ Wie hoch sind die Abzüge?

▶ Wie hoch ist das Nettogehalt von Herrn Klar?

Hinweis: Vom Bruttogehalt werden Lohnsteuer, Kirchensteuer und
Beiträge zur Sozialversicherung abgezogen. Hier in unserer Aufgabe sind
dies 38 %. Deshalb bekommt ein Arbeitnehmer weniger ausgezahlt =
Nettogehalt.

7 Felix und Lukas spielen Fußball. Lukas wettet, dass er
von 20 Elfmetern 60 % in ein Tor verwandelt.

▶ Wie viele Tore muss Lukas mindestens
schießen, um seine Wette zu gewinnen?

Vergiss nicht, einen **Antwortsatz** zu schreiben.

8 Frau Schön kauft 10 Handtücher, 1 Handtuch für 7,50 €.
Sie bekommt 12 % Mengenrabatt.

▶ Wie viel muss sie für die 10 Handtücher bezahlen?

9 Ein Buchhändler kauft 40 Lesebücher
zu je 9,20 € und 30 Mathebücher
zu je 10,60 €. Er bekommt 25 %
Buchhändlerrabatt.

▶ Wie viel muss er für die Bücher bezahlen?

10 Die Kirche in Schönberg braucht eine neue Glocke, die aus Bronze
gegossen werden soll. Bronze besteht zu 70 % aus Kupfer und zu 30 % aus
Zinn. Die neue Glocke soll 760 kg wiegen.

▶ Welche Menge an Kupfer und Zinn wird für den Guss
der Glocke benötigt?

11 Firma Funke bietet einen Fernsehapparat für 480 € an, Firma Blitz dasselbe
Gerät für 490 € und gewährt darauf noch 3 % Rabatt (Preisnachlass).

▶ Bei welcher Firma ist der
Fernsehapparat
billiger und
um wie viel ist er billiger?

Der Grundwert ist gesucht!

12 Bei einem Schulsportfest erhalten 6 % der Schüler
eine Ehrenurkunde. Das sind 54 Kinder.

▸ Wie viele Kinder haben an dem Sportfest teilgenommen?

Rechne in drei Schritten:

6 % ≙ (entsprechen)	54 Kindern
1 % ≙ (entspricht)	54 Kinder : 6 = _____ Kinder
100 % ≙ (entsprechen)	_____ Kinder · 100 = _____ Kinder

(Multipliziere die Anzahl der Kinder,
die 1 % entsprechen, mit 100.)

Das Ergebnis, also die Anzahl der Kinder
insgesamt, ist der **Grundwert**.

13 Lena kauft sich von ihrem Taschengeld eine neue CD und bezahlt dafür
7,20 €. Das sind 40 % ihres monatlichen Taschengeldes.

▸ Wie viel Taschengeld bekommt Lena jeden Monat?

14 In einer Schule sind 165 Jungen. Das sind 55 % aller
Schülerinnen und Schüler.

▸ Wie viele Kinder sind an dieser Schule?

15 In einem Kino sind 360 Plätze besetzt. Das sind 45 % aller Plätze.

▸ Wie viele Plätze hat das Kino?

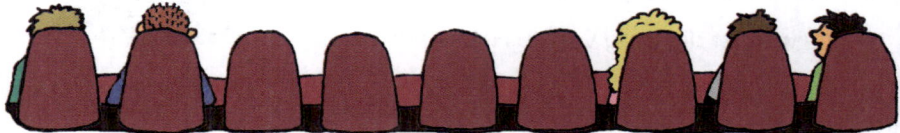

16 Hurra, Ferien.
Julia fliegt mit ihren Eltern in den
Urlaub nach Ägypten. Im Reisebüro
müssen sie 30 % des Reisepreises
in Höhe von 688,50 € anzahlen.

▶ Wie hoch ist der gesamte Reisepreis?

Tipp: Wenn du bereits in der Schule einen
Taschenrechner verwenden darfst, dann kannst
du ihn hier in diesem Lernprogramm auch benutzen. Du sparst dir dadurch viel Zeit.
Es kommt ja vor allem auf den **richtigen Rechenweg** an und nicht so sehr auf die
Rechenfertigkeit.

17 Familie Hauser muss 6 % mehr Miete bezahlen. Das sind 45,60 €.

▶ Wie hoch ist die neue Miete?

18 Bei einer Verkehrskontrolle wurden bei 21 Fahrzeugen Mängel festgestellt.
Dies entspricht 15 % der überprüften Fahrzeuge.

▶ Wie viele Fahrzeuge wurden insgesamt überprüft?

19 Eine Versicherung zahlt 85 % eines Schadens. Sie zahlt 3570 €.

▶ Wie hoch ist der Schaden?

Vergiss nicht, einen **Antwortsatz** zu schreiben.

20 Tobias und Florian machen einen Ausflug zu
einer Burg. Nach 15 km legen sie eine Pause ein.
Sie haben jetzt genau 25 % der Wegstrecke von
zu Hause bis zur Burg geschafft.

▶ Wie weit ist die Burg von zu Hause entfernt?

Der %-Satz ist gesucht!

21 Ein Supermarkt kaufte 700 Eier.
Davon gingen 35 Eier kaputt.

▶ Wie viel Prozent der Eier zerbrachen?

Rechne in drei Schritten:

700 Eier ≙ 100 %	**oder:** 700 Eier ≙ 100 %
7 Eier ≙ 1 % (= 100 % : 100)	1 Ei ≙ $\frac{100}{700}$ %
35 Eier ≙ _____ %	35 Eier ≙ ($\frac{100}{700}$ · 35) % = _____ %
(Rechne: 35 E. : 7 E. = _____)	(Rechne und kürze!)

Das Ergebnis, also die Prozente, die für die Anzahl der Eier
stehen, die kaputt sind, ist der gesuchte **Prozentsatz**.

Beide Rechenwege sind möglich! Rechne so, wie du es in der Schule gelernt hast. In diesem
Heft wird in der Lösung immer der erste Rechenweg gewählt.

22 Anna hat 18 € Taschengeld. Sie kauft sich für 5,40 € ein Buch.

▶ Wie viel Prozent ihres Taschengeldes gibt sie für dieses Buch aus?

23 Lisa hat bei den Bundesjugendspielen ihren Weitsprungrekord von 3,60 m
um 54 cm verbessert.

▶ Um wie viel Prozent hat sich Lisa verbessert?

24 Frau Emsig hat einen Stundenlohn von 15 €.
Dieser wird um 54 ct erhöht.

▶ Um wie viel Prozent wird der Stundenlohn erhöht?

Lies eine Aufgabe immer **so oft und genau** durch, bis du sie verstanden hast.
Wichtige Informationen solltest du dabei gleich **unterstreichen**.

Gemischte Prozentaufgaben

25 Ein Wanderer möchte eine Strecke von 35 km gehen. Er hat schon 21 km zurückgelegt.

▶ Wie viel Prozent der gesamten Strecke hat der Wanderer schon zurückgelegt?

26 Familie Sparsam möchte sich ein Reihenhaus kaufen und hat deshalb einen Bausparvertrag abgeschlossen. In diesen zahlt sie monatlich 336 € ein. Dies sind 12 % ihres gesamten Einkommens.

▶ Wie hoch ist das monatliche Einkommen von Familie Sparsam?

27 Eine Kohlmeise hat ein Körpergewicht von 20 g. Im Winter muss sie täglich 60 % ihres Körpergewichts an Futter aufnehmen.

▶ Wie viel Gramm Futter braucht die Kohlmeise im Winter täglich?

28 Der Preis eines Computers wurde von 820 € auf 779 € herabgesetzt.

▶ Um wie viel Prozent wurde der Computer billiger?

29 Katharina gibt von ihrem monatlichen Taschengeld 7 € bei einem Schulausflug aus. Das sind 35 % ihres gesamten Taschengeldes.

▶ Wie viel Taschengeld bekommt Katharina monatlich?

Test 1

30 Familie Fröhlich zahlt monatlich 600 € Miete. Diese wird um 7 % erhöht.

▶ Wie viel Euro muss Familie Fröhlich jetzt monatlich mehr bezahlen?

31 In einem Theater sind 85 % aller vorhandenen Plätze besetzt. Das sind 1020 Plätze.

▶ Wie viele Plätze hat das Theater?

32 Herr Schneider kauft seiner Tochter Franziska zum Geburtstag ein neues Fahrrad. Es kostet 320 €, doch er bekommt noch 6 % Rabatt, da er es sofort bar bezahlt.

▶ Wie viel Geld muss Herr Schneider für das Fahrrad bezahlen?

33 Am alljährlichen Sportfest der Schule in Aubach haben dieses Jahr 800 Kinder teilgenommen. Davon erhalten 56 Schüler eine Ehrenurkunde. In Blumendorf haben sich 600 Kinder am Schulsportfest beteiligt und 48 erhalten eine Ehrenurkunde.

▶ Welche Schule hat beim Schulsportfest besser abgeschnitten?

34 Herr Renner hat von der Polizei einen Bußgeldbescheid bekommen, weil er statt der erlaubten 120 km/h auf der Autobahn 36 km/h zu schnell gefahren ist.

▶ Wie viel Prozent ist Herr Renner zu schnell gefahren?

2. Kapitel: Wer noch fit ist, macht weiter!
Etwas schwierigere Aufgaben

Prozente als Bruchteile des Grundwerts

35 Eine Tafel Schokolade wiegt 130 g. 50 % davon sind Kakao.

▶ Wie viel Gramm Kakao enthält die Tafel Schokolade?

36 Ein Fahrrad kostet 560 €. Da es einen leichten Lackschaden hat, wird es um 10 % billiger verkauft.

▶ Um wie viel Euro wird es billiger verkauft?

37 An einem Sportfest haben 360 Schülerinnen und Schüler teilgenommen. 20 % davon erhielten eine Siegerurkunde.

▶ Wie viele Kinder erhielten eine Siegerurkunde?

38 Frau Walk will mit ihrer Tochter an einem Tag eine Wanderung von 32 km machen. Nachdem sie 25 % der gesamten Wegstrecke zurückgelegt haben, legen sie eine kleine Pause ein.

▶ Wie viele km haben sie schon zurückgelegt?

39 Herr Ullmann hat ein monatliches Bruttogehalt von 2800 €.

▶ Wie hoch ist sein Nettogehalt, wenn ihm für Steuern und Sozialabgaben insgesamt 25 % abgezogen werden?

40 Eine Buchhändlerin hat letztes Jahr einen Gewinn von 32 000 €
erwirtschaftet. Sie konnte dieses Jahr ihren Gewinn um $12\frac{1}{2}$ % steigern.

▶ Um wie viel höher war ihr Gewinn dieses Jahr im Vergleich zum
Jahr davor?

Merke dir gut:

10 % sind $\frac{1}{10}$ von 100 %	⟶	100 % : 10 = 10 %
20 % sind $\frac{2}{10}$ von 100 % oder $\frac{1}{5}$ von 100 %	⟶	100 % : 5 = 20 %
50 % sind $\frac{1}{2}$ von 100 %	⟶	100 % : 2 = 50 %
25 % sind $\frac{1}{4}$ von 100 %	⟶	100 % : 4 = 25 %
$12\frac{1}{2}$ % sind $\frac{1}{8}$ von 100 %	⟶	100 % : 8 = $12\frac{1}{2}$ %
$33\frac{1}{3}$ % sind $\frac{1}{3}$ von 100 %	⟶	100 % : 3 = $33\frac{1}{3}$ %

41 Rechne die folgenden Aufgaben auf möglichst einfachem Wege:

10 %   von   210 €   = _____

25 %   von   600 m   = _____

20 %   von   45 kg   = _____

50 %   von   700 €   = _____

$12\frac{1}{2}$ % von   56 kg   = _____

42 Rechne auch diese Aufgaben auf möglichst einfachem Wege:

Tipp: Wenn du Probleme bei diesen Aufgaben hast, dann sieh dir die **Übersicht** bei Aufgabe **40** nochmals genau an.

20 % von 150 € = _____ $12\frac{1}{2}$ % von 136 kg = _____

25 % von 520 m = _____ $3\frac{1}{3}$ %   von 690 m = _____

75 % von 120 € = _____ $66\frac{2}{3}$ % von 690 m = _____

43 In einer Schulklasse sind 30 Kinder. Davon sind 6 Kinder erkrankt.

▶ Wie viel Prozent der Kinder sind erkrankt?

44 Eine Kiste mit Äpfeln wiegt 30 kg. Die leere Kiste wiegt 3 kg.

▶ Wie viel Prozent beträgt das Gewicht
der leeren Kiste?

45 Marcel bezahlt für einen Kinobesuch 3,75 €. Das sind 25 % seines monatlichen Taschengeldes.

▶ Wie viel Taschengeld bekommt Marcel monatlich?

46 Frau Frisch besitzt einen kleinen Obst- und Gemüseladen.
Bei der Kontrolle der letzten Lieferung stellt sie verärgert fest, dass von 120 Pfirsichen jeder achte Pfirsich verfault ist.

▶ Wie viel Prozent der gelieferten Pfirsiche kann Frau Frisch nicht
mehr verkaufen?

47 An einer Grundschule sind 240 Kinder.
80 Kinder können noch nicht schwimmen.

▶ Wie viel Prozent der Kinder können
noch nicht schwimmen?

48 Herr Dorfner bekommt ein monatliches Nettogehalt von 2400 €. Für Lebensmittel braucht seine Familie 20 %, für Miete 30 % und für Kleidung $12\frac{1}{2}$ %.

▶ Wie viel Geld gibt Familie Dorfner jeweils für Lebensmittel, Miete und Kleidung aus?

49 Ein Pfahl steckt mit $\frac{1}{4}$ seiner Länge im Boden und mit 40 % seiner Länge im Wasser. Er ragt noch 56 cm aus dem Wasser heraus.

▶ Wie lang ist der ganze Pfahl?

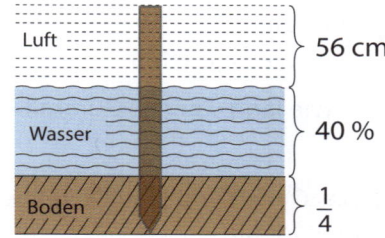

Vermehrter Grundwert

50 Familie Steiner hat eine neue Waschmaschine für 714 € gekauft. In diesem Preis sind 19 % Mehrwertsteuer enthalten.

▶ Wie hoch ist der Betrag der Mehrwertsteuer?

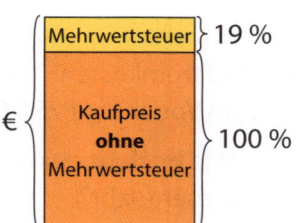

51 Familie Schnell muss künftig 4 % mehr Miete bezahlen. Der Mietpreis ist deshalb auf 676 € gestiegen.

▶ Wie hoch ist die Mieterhöhung in Euro?

▶ Wie viel Miete bezahlte Familie Schnell vorher?

52 Die Einwohnerzahl von Kirchheim ist dieses Jahr auf 8400 gestiegen. Das bedeutet eine Zunahme um 5 % gegenüber dem Vorjahr.

▶ Wie viele Einwohner hatte die Stadt Kirchheim im Jahr davor?

53 Herr Sparsam hat ein neues Auto gekauft und festgestellt, dass es auf 100 km 8,1 l Benzin verbraucht. Somit verbraucht das Auto 8 % mehr als der Autohersteller angegeben hat.

▶ Wie viele Liter dürfte das Auto auf 100 km laut Angabe der Autofirma nur verbrauchen?

54 Ein Gummiband wird um 40 % seiner ursprünglichen Länge auf 1,68 m ausgedehnt.

▶ Wie lang war das Gummiband, bevor es ausgedehnt wurde?

55 Das Gehalt von Frau Fleißig wurde um 4,5 % erhöht und beträgt nun 2508 €.

▶ Um welchen Betrag wurde das Gehalt erhöht?

▶ Wie hoch war das Gehalt vorher?

56 Die Stromkosten von Familie Power sind dieses Jahr um 6 % gegenüber dem Vorjahr auf 795 € gestiegen.

▶ Wie hoch ist der Unterschied der Kosten zwischen dem Vorjahr und diesem Jahr?

▶ Wie hoch waren die Stromkosten im Vorjahr?

57 Firma Polster verkauft ein Sofa für 952 €. In diesem Preis sind 19 % Mehrwertsteuer enthalten.

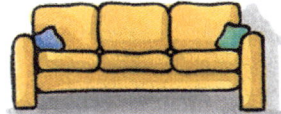

▶ Wie hoch ist der Betrag der Mehrwertsteuer?

▶ Wie hoch ist der Verkaufspreis ohne Mehrwertsteuer?

Verminderter Grundwert

58 In einem Bekleidungsgeschäft wird
ein Mantel mit einem Preisnachlass (Rabatt)
von 30 % für 98 € verkauft.

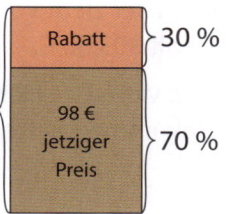

▶ Wie teuer war der Mantel ursprünglich?

59 Das Fahrradgeschäft Radler hat dieses Jahr
nur 646 Fahrräder verkauft. Das bedeutet,
dass der Fahrradverkauf um 5 % gegen-
über dem Vorjahr zurückgegangen ist.

▶ Wie viele Fahrräder hat das Geschäft
letztes Jahr verkauft?

▶ Wie viele Fahrräder hat es dieses Jahr weniger verkauft im Vergleich
zum Vorjahr?

60 Ein Landwirt hat im Herbst Kartoffeln eingelagert.
Als er sie im Frühjahr verkaufen will, stellt er einen
Gewichtsverlust von 2,5 % fest.

Die Kartoffeln wiegen nur noch 3120 kg.

▶ Wie groß ist der Gewichtsverlust?

▶ Wie viel wogen die Kartoffeln vor der
Einlagerung?

61 Herr Meier zieht vom Rechnungsbetrag 2 % Skonto ab und bezahlt 303,80 €.

▸ Wie viel hätte Herr Meier bezahlen müssen, wenn er kein Skonto bekommen hätte?

bezahlt Herr Meier: 303,80 €	2 %

Rechnungsbetrag ohne Skonto

Skonto ist wie Rabatt ein Preisnachlass. Meistens beträgt er 2 % oder 3 %, wenn man innerhalb von 8 bis 14 Tagen eine Rechnung bezahlt.

62 In Schrumpfenhausen gehen dieses Jahr nur noch 598 Schülerinnen und Schüler in die Realschule. Die Anzahl der Schülerinnen und Schüler ist seit letztem Jahr um 8 % zurückgegangen.

▸ Wie viele Schülerinnen und Schüler gingen letztes Jahr in diese Realschule?

63 Frau Burger hat einen neuen Computer gekauft. Da sie den Rechnungsbetrag innerhalb von 8 Tagen bezahlt, darf sie 3 % Skonto abziehen und bezahlt 824,50 €.

▸ Wie viel Euro hat Frau Burger dadurch gespart?

▸ Wie viel hätte sie bezahlen müssen, wenn sie erst nach 4 Wochen die Rechnung überwiesen hätte.

65

Prozentrechnen

6.–9. Klasse

Lösungen

Dieser Lösungsteil ist herausnehmbar!
Klammern in der Mitte des Heftes öffnen!

1 100 % ≙ 15 €
   1 % ≙ 0,15 € (= 15 ct)
 20 % ≙ 15 ct · 20 = 300 ct = **3 €**

Mia bekommt monatlich **3 €** mehr Taschengeld.

2 100 % ≙ 120 g
   1 % ≙ 1,20 g
 65 % ≙ 1,20 g · 65 = **78 g**

Eine Tafel Schokolade enthält **78 g** Kakao.

3 100 % ≙ 850 €
   1 % ≙ 8,50 €
   8 % ≙ 8,50 € · 8 = **68 €**

   850 € (ursprünglicher Preis)
−   68 € (Preissenkung)
  782 €

Das Mountainbike kostet jetzt **782 €**.

Vergiss nicht, mit der Erfolgstabelle auf der dritten Seite zu arbeiten. Wenn du eine Aufgabe **richtig** gelöst hast, markierst du diese mit **grünem** Stift. **Falsch** gelöste Aufgaben kennzeichnest du mit **Rot**.

4 100 % ≙ 15 €
   1 % ≙ 0,15 €
 2,8 % ≙ 0,15 € · 2,8 = **0,42 €**

  15,00 € (alter Stundenlohn)
+ 0,42 € (Erhöhung)
  15,42 €

Der neue Stundenlohn beträgt **15,42 €**.

5 100 % ≙ 1100 €
   1 % ≙ 11 €
   3 % ≙ 11 € · 3 = **33 €**

  1100 € (ursprünglicher Preis)
−   33 € (Rabatt)
  1067 €

Frau Hauser muss **1067 €** für den Computer bezahlen.

6 100 % ≙ 2480 €
   1 % ≙ 24,80 €
 38 % ≙ 24,80 € · 38 = **942,40 €**

942,40 € werden von seinem Bruttogehalt abgezogen.

  2480,00 € (Bruttogehalt)
− 942,40 € (Abzüge)
  1537,60 €

Das Nettogehalt von Herrn Klar beträgt **1537,60 €**.

7 100 % ≙ 20 Tore (verwandelte Elfmeter)
1 % ≙ 0,2 Tore
60 % ≙ 0,2 Tore · 60 = **12 Tore**

Lukas muss mindestens **12 Tore** schießen.

8 10 · 7,50 € = 75 € (10 Handtücher)

100 % ≙ 75 €
1 % ≙ 0,75 €
12 % ≙ 0,75 € · 12 = **9 €**

$$\begin{array}{rl} & 75 \text{ € (10 Handtücher)} \\ - & 9 \text{ € (Mengenrabatt)} \\ \hline & 66 \text{ €} \end{array}$$

oder:

Frau Schön muss nicht 100 % bezahlen, sondern nur 88 %:
0,75 € · 88 = **66 €**

Frau Schön muss **66 €** bezahlen.

9 100 % ≙ 686,00 €
1 % ≙ 6,86 €
25 % ≙ 6,86 € · 25
1 3 7 2
3 4 3 0
171,50 €

$$\begin{array}{lr} 9,20 \text{ € · 40 =} & 368,00 \text{ €} \\ 10,60 \text{ € · 30 =} & 318,00 \text{ €} \\ \hline \text{ursprünglicher Preis:} & 686,00 \text{ €} \\ - \text{ Rabatt:} & 171,50 \text{ €} \\ \hline & 514,50 \text{ €} \end{array}$$

oder:

25 % = $\frac{1}{4}$ von 100 %
686,00 € : 4 = **171,50 €** (Rabatt)

Er muss **514,50 €** für die Bücher bezahlen.

10 100 % ≙ 760 kg
1 % ≙ 7,6 kg
70 % ≙ 7,6 kg · 70
532 kg (Kupfer)

$$\begin{array}{rl} & 760 \text{ kg (Glocke gesamt)} \\ - & 532 \text{ kg (Kupfer)} \\ \hline & 228 \text{ kg (Zinn)} \end{array}$$

Es werden **532 kg Kupfer** und **228 kg Zinn** benötigt.

11 100 % ≙ 490 €
1 % ≙ 4,90 €
3 % ≙ 4,90 € · 3 = **14,70 €** (Rabatt bei Firma Blitz)

$$\begin{array}{rl} & 490,00 \text{ € (Firma Blitz ohne Rabatt)} \\ - & 14,70 \text{ € (Rabatt)} \\ \hline & 475,30 \text{ € (kostet der Fernseher bei Firma Blitz)} \end{array}$$

$$\begin{array}{rl} & 480,00 \text{ € (Firma Funke)} \\ - & 475,30 \text{ € (Firma Blitz)} \\ \hline & 4,70 \text{ €} \end{array}$$

Das Fernsehgerät ist bei Firma Blitz um **4,70 €** billiger.

12   6 % ≙ 54 Kinder
     1 % ≙ 54 Kinder : 6 = 9 Kinder
100 % ≙ 9 Kinder · 100 = **900 Kinder**

Am Sportfest haben **900 Kinder** teilgenommen.

13   40 % ≙ 720 ct   7,20 € = 720 ct
     1 % ≙ 720 ct : 40 = 18 ct   720ct : 40 = 18 ct
100 % ≙ 18 ct · 100 = **18 €**   − 40
                                 $\overline{320}$

Lena bekommt jeden Monat   − 320
18 € Taschengeld. $\overline{0}$

14   55 % ≙ 165 Kinder
     1 % ≙ 165 Kinder : 55 = 3 Kinder
100 % ≙ 3 Kinder · 100 = **300 Kinder**

An der Schule sind **300 Schülerinnen und Schüler**.

15   45 % ≙ 360 Plätze
     1 % ≙ 360 Plätze : 45 = 8 Plätze
100 % ≙ **800 Plätze**

Das Kino hat insgesamt **800 Plätze**.

16   30 % ≙ 688,50 €   688,50 € : 30 = 22,95 €
     1 % ≙ 688,50 € : 30 = 22,95 €   − 60
100 % ≙ **2295 €**   88
                           − 60
                         285
                       −270
                         150
                     − 150
                         0

Der Reisepreis beträgt **2295 €**.

17   6 % ≙ 45,60 €   760,00 € (bisherige Miete)
     1 % ≙ 45,60 € : 6 = 7,60 €   + 45,60 € (Mieterhöhung)
100 % ≙ **760 €** (bisherige Miete)   **805,60 €**

oder: 100 % ≙ 760 €   760 € · 1,06
                            7600
                        + 4560
                       805,60 €

Die neue Miete beträgt **805,60 €**.

18   15 % ≙ 21 Fahrzeuge
    1 % ≙ 21 Fahrzeuge : 15 = 1,4 Fahrzeuge
100 % ≙ **140 Fahrzeuge**

Es wurden insgesamt **140 Fahrzeuge** überprüft.

19   85 % ≙ 3570 €
    1 % ≙ 3570 € : 85 = 42 €
100 % ≙ **4200 €**

$$3570 € : 85 = 42 €$$
$$-\underline{340}$$
$$170$$
$$-\underline{170}$$
$$0$$

Der gesamte Schaden beträgt **4200 €**.

20   25 % ≙ 15 km
    1 % ≙ 15 km : 25 = 0,6 km
100 % ≙ **60 km**

Die Burg ist **60 km** von zu Hause entfernt.

21 700 Eier ≙ 100 %

    7 Eier ≙ 1 %

   35 Eier ≙ **5** %   Rechne: 35 E. : 7 E. = **5**

5 % der Eier zerbrachen.

700 Eier ≙ 100 %

1 Ei ≙ $\frac{100}{700}$ %

35 Eier ≙ ($\frac{100}{700}$ · 35) % = **5** %

22 18 € = 1800 ct   1800 ct ≙ 100 %
                  18 ct ≙ 1 %   →   540 ct : 18 ct = **30**
              540 ct ≙ **30 %**

Anna gibt **30 %** ihres Taschengeldes für das Buch aus.

23 3,60 m = 360 cm   54 cm : 3,6 cm =   540 cm : 36 cm = **15**
                                              $-\underline{36}$
     3 6 0 cm ≙ 100 %   180
       3,6 cm ≙ 1 % $-\underline{180}$ (**Tipp**: Beachte beim
       5 4 cm ≙ **15 %**   0   Teilen die
                                                                Kommaverschiebung.)

Lisa hat ihren Weitsprungrekord um **15 %** verbessert.

24   15 € ≙ 100 %   0,54 € : 0,15 € =   54 ct : 15 ct = **3,6**
    0,15 € ≙ 1 % $-\underline{45}$
    0,54 € ≙ **3,6 %**   90
                                             $-\underline{90}$
                                                 0

Der Stundenlohn wird um **3,6 %** erhöht.

25 35 km $\triangleq$ 100 %   21 km : 0,35 km =
       0,35 km $\triangleq$ 1 %   2100 km : 35 km = **60**
       21 km $\triangleq$ **60 %** $-\underline{\text{210}}$ (Beachte die **Kommaverschiebung!**)
                                        0

Der Wanderer hat **60 %** der gesamten Strecke schon zurückgelegt.

(Hast du erkannt, dass hier der **%-Satz** gesucht wurde?)

26 12 % $\triangleq$ 336 €   336 € : 12 = 28 €
        1 % $\triangleq$ 28 € $-\underline{\text{24}}$
      100 % $\triangleq$ **2800 €**   96
                                       $-\underline{\text{96}}$
                                         0

Familie Sparsam hat ein monatliches Einkommen von **2800 €**.

(Hast du erkannt, dass hier der **Grundwert** gesucht wurde?)

27 100 % $\triangleq$ 20 g
        1 % $\triangleq$ 0,20 g
       60 % $\triangleq$ 0,20 g $\cdot$ 60 = **12 g**

Die Kohlmeise braucht täglich **12 g** Futter.

(Hast du erkannt, dass hier der **Prozentwert** gesucht wurde?)

28   820 € (ursprünglicher Preis)
       $-\underline{\text{779 €}}$ (jetziger Preis)
         41 € (Preissenkung)

       820 € $\triangleq$ 100 %   41 € : 8,20 € =
      8,20 € $\triangleq$ 1 %   4100 € : 820 € = **5**
       41€ $\triangleq$ **5 %** $-\underline{\text{4100}}$
                                         0

Der Computer wurde um **5 %** verbilligt.

(Hast du erkannt, dass hier der **%-Satz** gesucht wurde?)

29   7 € = 700 ct
        35 % $\triangleq$ 700 ct
         1 % $\triangleq$ 700 ct : 35 = 20 ct
       100 % $\triangleq$ 2000 ct = **20 €**

Katharina bekommt monatlich **20 €** Taschengeld.

(Hast du erkannt, dass hier der **Grundwert** gesucht wurde?)

Test 1

30 100 % ≙ 600 €
   1 % ≙ 6 €
   7 % ≙ 6 € · 7 = **42 €**

Familie Fröhlich muss monatlich **42 € mehr** bezahlen.

(Hier wurde der **Prozentwert** berechnet.)

31 85 % ≙ 1020 Plätze
   1 % ≙ 1020 : 85 = 12 Plätze
   100 % ≙ 12 Plätze · 100 = **1200 Plätze**

Das Theater hat **1200 Plätze**.

(Hier wurde der **Grundwert** berechnet.)

32 100 % ≙ 320 €   320,00 € (ursprünglicher Preis)
   1 % ≙ 3,20 €   − 19,20 € (Rabatt)
   6 % ≙ 3,20 € · 6 = **19,20 €**   300,80 €

oder: Herr Schneider muss nicht 100 % bezahlen, sondern nur 94 %.
   Deswegen kann man auch rechnen:

   3,20 € · 94
     2 8 8 0
      1 2 8 0
   300,80 €

Herr Schneider muss für das Rad **300,80 €** bezahlen.

(Hier wurde der **Prozentwert** berechnet.)

33 Aubach:
   800 Kinder ≙ 100 %
    8 Kinder ≙ 1 %   56 : 8 = **7** → 56 Kinder ≙ **7 %**
   7 % der Schüler in Aubach erhalten eine Ehrenurkunde.

   Blumendorf:
   600 Kinder ≙ 100 %
    6 Kinder ≙ 1 %   48 : 6 = **8** → 48 Kinder ≙ **8 %**
   8 % der Schüler in Blumendorf erhalten eine Ehrenurkunde.

   Die Schule in **Blumendorf** hat besser abgeschnitten.

(Hier wurde der **%-Satz** berechnet.)

34 120 km/h ≙ 100 %

1,2 km/h ≙ 1 %

3 6 km/h ≙ **30 %**

36 km/h : 1,2 km/h =

360 km/h : 12 km/h = **30**

−36

0

Herr Renner ist **30 %** zu schnell gefahren.

(Hier wurde der **%-Satz** berechnet.)

> Wenn du **alle** Aufgaben des Tests **richtig** gelöst hast, hast du dir die
> „**Note 1**" verdient.
> Bei **1** oder **2 falsch** gelösten Aufgaben hast du gut gearbeitet.
> Bei **3** oder **4 falsch** gelösten Aufgaben solltest du die Aufgaben des 1. Kapitels noch
> einmal rechnen, bei denen du Schwierigkeiten hattest (siehe Erfolgstabelle).
> Bei **5 falsch** gelösten Aufgaben sieh dir alle Aufgaben des 1. Kapitels noch einmal
> genau an.

35 100 % ≙ 130 g

1 % ≙ 1,3 g

50 % ≙ 1,3 g · 50 = **65 g**

(Vergiss nicht, mit der **Erfolgstabelle** auf der **dritten** Seite zu arbeiten.)

Man kann hier viel einfacher rechnen und zwar so:

50 % ist die Hälfte von 100 %.

Deswegen rechnet man:

130 g : 2 = **65 g**

Eine Schokolade enthält **65 g** Kakao.

36 Auch hier kann man viel einfacher rechnen.

10 % ist $\frac{1}{10}$ von 100 %. Deshalb rechnet man:

560 € : 10 = **56 €**

Das Fahrrad wird also um **56 €** billiger verkauft.

37 20 % ist $\frac{1}{5}$ von 100 %. Deshalb kann man so rechnen:

360 Kinder : 5 = **72 Kinder**

Es erhielten **72 Kinder** eine Siegerurkunde.

38 25 % ist $\frac{1}{4}$ von 100 %. Deshalb rechnet man:

32 km : 4 = **8 km**

Frau Walk hat mit ihrer Tochter schon **8 km** zurückgelegt.

39 25 % ist $\frac{1}{4}$ von 100 %.

2800 € : 4 = 700 € (werden abgezogen)

2800 €	(Bruttogehalt)
− 700 €	(Abzüge)
2100 €	

Das Nettogehalt von Herrn Ullmann beträgt **2100 €**.

40 $12\frac{1}{2}$ % ist $\frac{1}{8}$ von 100 %, denn 100 % : 8 = 12,5 %.

32 000 € : 8 = **4000 €**

Ihr Gewinn war dieses Jahr um **4000 €** höher als im Jahr davor.

41

10 % von 210 € = **21 €** ⟶ 210 € : 10 = **21 €**

25 % von 600 m = **150 m** ⟶ 600 m : 4 = **150 m**

20 % von 45 kg = **9 kg** ⟶ 45 kg : 5 = **9 kg**

50 % von 700 € = **350 €** ⟶ 700 € : 2 = **350 €**

$12\frac{1}{2}$ % von 56 kg = **7 kg** ⟶ 56 kg : 8 = **7 kg**

42

20 % von 150 € = **30 €** ⟶ 150 € : 5 = **30 €**

25 % von 520 m = **130 m** ⟶ 520 m : 4 = **130 m**

75 % von 120 € = **90 €** ⟶ 120 € : 4 = **30 €**
⟶ 30 € · 3 = **90 €**

$12\frac{1}{2}$ % von 136 kg = **17 kg** ⟶ 136 kg : 8 = **17 kg**

$33\frac{1}{3}$ % von 690 m = **230 m** ⟶ 690 m : 3 = **230 m**

$66\frac{2}{3}$ % von 690 m = **460 m** ⟶ 690 m : 3 = **230 m**
⟶ 230 m · 2 = **460 m**

43 Auch hier kann man einfach mit einem Bruch rechnen, nämlich:

6 Kinder sind $\frac{1}{5}$ von 30 Kindern. $\frac{1}{5} \triangleq$ **20 %**

Es sind **20 %** der Kinder erkrankt.

44 3 kg = $\frac{1}{10}$ von 30 kg $\frac{1}{10} =$ **10 %**

Das Gewicht der leeren Kiste macht **10 %** aus.

45 25 % ist $\frac{1}{4}$ von 100 %.   3,75 € · 4 = **15 €**

Marcel bekommt monatlich **15 €** Taschengeld.

46 120 Pfirsiche : 8 = 15 Pfirsiche (verfault)

120 Pfirsiche $\triangleq$ 100 %
1,2 Pfirsiche $\triangleq$ 1 %
15 Pfirsiche $\triangleq$ **12,5 %**

oder: $\frac{1}{8}$ aller Pfirsiche sind verfault.

$\frac{1}{8}$ von 100 % = **12 $\frac{1}{2}$ %**

$$15 : 1,2 =$$
$$150 : 1\,2 = \mathbf{12,5}$$
$$\frac{-12}{\ \ \ 30}$$
$$\frac{-24}{\ \ \ 60}$$
$$\frac{-60}{\ \ \ \ 0}$$

Frau Frisch kann **12,5 %** der Pfirsiche nicht mehr verkaufen.

47 80 Kinder sind $\frac{1}{3}$ von 240 Kindern. $\frac{1}{3} =$ **33 $\frac{1}{3}$ %** oder **33,$\bar{3}$ %**

Es können **33 $\frac{1}{3}$ %** der Kinder können noch nicht schwimmen.

48 Auch hier kann man vereinfacht mit Bruchteilen rechnen:

20 % sind $\frac{1}{5}$ von 2400 €   2400 € : 5 = **480 €** (Lebensmittel)

30 % sind $\frac{3}{10}$ von 2400 €

$\frac{1}{10}$ von 2400 € = 240 €

$\frac{3}{10}$ von 2400 € = 240 € · 3 = **720 €** (Miete)

12 $\frac{1}{3}$ % sind $\frac{1}{8}$ von 2400 €   2400 € : 8 = **300 €** (Kleidung)

Familie Dorfner gibt **480 €** für Lebensmittel, **720 €** für Miete und **300 €** für Kleidung aus.

49

Luft — 56 cm ≙ **35 %**

Wasser — 40 %

Boden — $\frac{1}{4}$ ≙ 25 %

40 % (im Wasser)
+ 25 % (im Boden)
65 % (im Wasser + im Boden)

100 % (ganzer Pfahl)
− 65 % (im Wasser + im Boden)
35 % (in der Luft)

35 % ≙ 56 cm
  1 % ≙ 56 cm : 35 = 1,6 cm
100 % ≙ 1,6 cm · 100 = **160 cm**

Der gesamte Pfahl ist **160 cm** lang.

50 Beachte, dass der Verkaufspreis **ohne** Mehrwertsteuer **100 %** ist.

119 % ≙ 714 €
  1 % ≙ 714 € : 119 = 6 €
 19 % ≙ 6 € · 19 = **114 €**

714 € : 119 = 6 €
− 714
    0

Die Mehrwertsteuer beträgt **114 €**.

51 Beachte, dass der **bisherige Mietpreis 100 %** ist.

104 % ≙ 676 €
  1 % ≙ 676 € : 104 = 6,50 €
  4 % ≙ 6,50 € · 4 = **26 €**

676 € : 104 = 6,50 €
− 624
   520
  − 520
     0

Die Miete wurde um **26 €** erhöht.
Vorher bezahlte Familie Schnell **650 €**.

52 Beachte, dass die Einwohnerzahl im **Jahr davor 100 %** ist.

105 % ≙ 8400 Einwohner
  1 % ≙ 8400 Einwohner : 105 = 80 Einwohner
100 % ≙ 80 Einwohner · 100 = **8000 Einwohner**

Im Jahr davor hatte die Stadt Kirchheim **8000 Einwohner**.

53 Beachte, dass der **angegebene Verbrauch 100 %** ist.

$108\,\% \triangleq 8,1\,l$
$\quad 1\,\% \triangleq 8,1\,l : 108 = 0,075\,l$
$100\,\% \triangleq 0,075\,l \cdot 100 = \mathbf{7,5\,l}$

$$8{,}100\,l : 108 = 0,075\,l$$
$$810$$
$$-\underline{756}$$
$$540$$
$$-\underline{540}$$
$$0$$

Das Auto dürfte nach Angabe des Autoherstellers nur **7,5 l** Benzin auf 100 km verbrauchen.

54 Beachte, dass die Länge des Gummibands **vor** der Dehnung **100 %** entspricht.

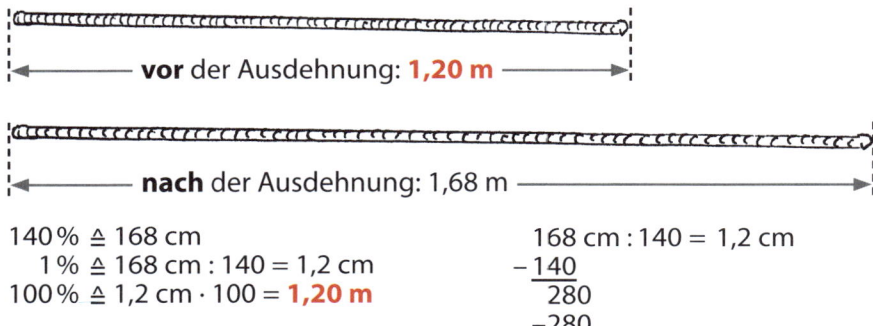

vor der Ausdehnung: **1,20 m**

nach der Ausdehnung: 1,68 m

$140\,\% \triangleq 168\,cm$
$\quad 1\,\% \triangleq 168\,cm : 140 = 1,2\,cm$
$100\,\% \triangleq 1,2\,cm \cdot 100 = \mathbf{1,20\,m}$

$$168\,cm : 140 = 1,2\,cm$$
$$-\underline{140}$$
$$280$$
$$-\underline{280}$$
$$0$$

Vor der Ausdehnung war das Gummiband **1,20 m** lang.

55 Beachte, dass das Gehalt **vor** der Erhöhung **100 %** war.

$104,5\,\% \triangleq 2508\,€$
$\quad 1\;\;\% \triangleq 2508\,€ : 104,5 = 24\,€$
$\quad 4,5\,\% \triangleq 24\,€ \cdot 4,5 = \mathbf{108\,€}$

$$2508\,€ : 104,5 =$$
$$25080\,€ : 1045 = 24\,€$$
$$-\underline{2090}$$
$$4180$$
$$-\underline{4180}$$
$$0$$

Das Gehalt wurde um **108 €** erhöht.

$\quad 1\,\% \triangleq 24\,€$
$100\,\% \triangleq 24\,€ \cdot 100 = \mathbf{2400\,€}$

Vor der Erhöhung betrug das Gehalt **2400 €**.

56 Beachte, dass die Stromkosten im **Vorjahr 100 %** waren.

$106\% \triangleq 795\,€$
$\quad 1\% \triangleq 795\,€ : 106 = 7{,}50\,€$
$\quad 6\% \triangleq 7{,}50\,€ \cdot 6 = \mathbf{45\,€}$

Die Mehrkosten sind dieses Jahr **45 €**.

$$795\,€ : 106 = 7{,}50\,€$$
$$-\underline{742}$$
$$530$$
$$-\underline{530}$$
$$0$$

$\quad\;\; 1\% \triangleq 7{,}50\,€$
$100\% \triangleq 7{,}50\,€ \cdot 100 = \mathbf{750\,€}$

Im Vorjahr betrugen die Stromkosten **750 €**.

57 Beachte, dass der Verkaufspreis **ohne** Mehrwertsteuer **100 %** ist.

$119\% \triangleq 952\,€$
$\quad 1\% \triangleq 952\,€ : 119 = 8\,€$
$\; 19\% \triangleq 8\,€ \cdot 19 = \mathbf{152\,€}$

Der Betrag der Mehrwertsteuer ist **152 €**.

$$952\,€ : 119 = 8\,€$$
$$-\underline{952}$$
$$0$$

$\quad\;\; 1\% \triangleq 8\,€$
$100\% \triangleq 8\,€ \cdot 100 = \mathbf{800\,€}$

Ohne Mehrwertsteuer beträgt der Verkaufspreis **800 €**.

58 Beachte, dass der **ursprüngliche** Preis **100 %** war.

$\quad 70\% \triangleq 98\,€$
$\quad\;\; 1\% \triangleq 98\,€ : 70 = 1{,}40\,€$
$100\% \triangleq 1{,}40\,€ \cdot 100 = \mathbf{140\,€}$

Der Mantel kostete ursprünglich **140 €**.

$$98\,€ : 70 = 1{,}40\,€$$
$$-\underline{70}$$
$$280$$
$$-\underline{280}$$
$$0$$

59 Beachte, dass der Fahrradverkauf im **Vorjahr 100 %** ist.

$\quad 95\% \triangleq 646$ Fahrräder
$\quad\;\; 1\% \triangleq 646$ Fahrräder $: 95 = 6{,}8$ Fahrräder
$100\% \triangleq 6{,}8$ Fahrräder $\cdot 100 = \mathbf{680\ Fahrräder}$

Das Geschäft hat letztes Jahr **680 Fahrräder** verkauft.

$1\% \triangleq 6{,}8$ Fahrräder
$5\% \triangleq 6{,}8$ Fahrräder $\cdot 5 = \mathbf{34\ Fahrräder}$

Dieses Jahr hat es **34 Fahrräder** weniger verkauft als letztes Jahr.

60 Beachte, dass das Gewicht der Kartoffeln **anfangs 100 %** war.

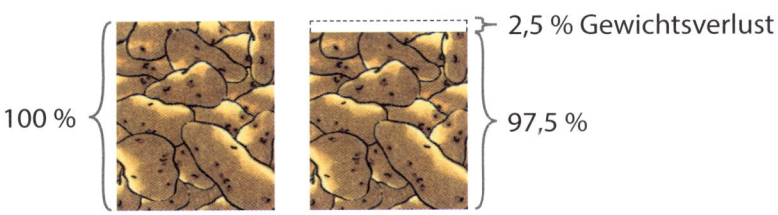

2,5 % Gewichtsverlust

100 %

97,5 %

97,5 % ≙ 3120 kg
  1 % ≙ 3120 kg : 97,5 = 32 kg
2,5 % ≙ 32 kg · 2,5 = **80 kg**

Der Gewichtsverlust ist **80 kg**.
Durch die Lagerung verlieren die
Kartoffeln Feuchtigkeit.

  1 % ≙ 32 kg
100 % ≙ 32 kg · 100 = **3200 kg**

```
3120 kg : 97,5 =
31200 kg : 975 = 32 kg
−2925
 1950
−1950
    0
```

Vor der Einlagerung wogen die Kartoffeln **3200 kg**.

61 Beachte, dass der **Rechnungsbetrag 100 %** ist.

 98 % ≙ 303,80 €
  1 % ≙ 303,80 € : 98 = 3,10 €
100 % ≙ 3,10 € · 100 = **310 €**

```
303,80 € : 98 = 3,10 €
−29 4
  9 8
 −9 8
    0
```

Herr Meier hätte **310 €** bezahlen
müssen, wenn er kein Skonto bekommen hätte.

62 Beachte, dass die Anzahl der Schülerinnen und Schüler **letztes** Jahr
100 % war.

 92 % ≙ 598 Sch.
  1 % ≙ 598 Sch. : 92 = 6,5 Sch.
100 % ≙ 6,5 Sch. · 100 = **650 Sch.**

```
598 Sch. : 92 = 6,5 Sch.
−552
 460
−460
   0
```

oder:

92 % ≙ 598 Sch.
 1 % ≙ 598 Sch. : 92 = 6,5 Sch.
 8 % ≙ 6,5 Sch. · 8 = **52 Sch.**

```
  598 Sch.
+  52 Sch.
  650 Sch.
```

Letztes Jahr gingen **650 Schülerinnen und Schüler** in die Realschule.

63 Beachte, dass der **Rechnungsbetrag 100 %** ist.

97 % ≙ 824,50 €
 1 % ≙ 824,50 € : 97 = 8,50 €
 3 % ≙ 8,50 € · 3 = **25,50 €**

824,50 € : 97 = 8,50 €
−77 6
 485
 −485
 0

Frau Burger hat sich dadurch **25,50 €** gespart.

 1 % ≙ 8,50 €
100 % ≙ 8,50 € · 100 = **850 €**

Sie hätte **850 €** bezahlen müssen, wenn sie den Rechnungsbetrag erst nach 4 Wochen überwiesen hätte.

64 Beachte, dass der Benzinverbrauch des **alten** Autos **100 %** ist.
Die Benzinersparnis ist: 9,6 l − 7,2 l = **2,4 l**

9,6 l ≙ 100 %
0,096 l ≙ 1 %
 2,4 l ≙ **25 %**

2,4 l : 0,096 l =
2400 l : 96 l = **25**
 − 192
 480
 −480
 0

Die Ersparnis beträgt **25 %**.

65 30 % ≙ 15,60 €
 1 % ≙ 15,60 € : 30 = 0,52 €
100 % ≙ 0,52 € · 100 = **52 €**

Die Reise für Einzelreisende kostet **52 €**.

66 Die Klasse 6a hat insgesamt **25 Kinder** (12 Jungen + 13 Mädchen).
Das sind **100 %**.

25 Kinder ≙ 100 %
0,25 Kinder ≙ 1 %
12 Kinder ≙ **48 %**
13 Kinder ≙ **52%**

12 Kinder : 0,25 Kinder = **48**
13 Kinder : 0,25 Kinder = **52**

In der Klasse 6a sind **48 % Jungen** und **52 % Mädchen**.

67 Beachte, dass die Heizkosten im **Vorjahr 100 %** waren.

93 % ≙ 1469,40 €
  1 % ≙ 1469,40 € : 93 = 15,80 €
  7 % ≙ 15,80 € · 7 = **110,60 €**

$$1469{,}40\ € : 93 = \textbf{15{,}80\ €}$$
$$-\underline{\ 93\ }$$
$$539$$
$$-\underline{465}$$
$$744$$
$$-\underline{744}$$
$$0$$

Familie Sparsam muss **110,60 €** weniger bezahlen.

100 % ≙ 15,80 € · 100 = **1580 €**

Im Vorjahr musste sie **1580 €** bezahlen.

68 100 % ≙ 850 €
  1 % ≙ 8,50 €
  4 % ≙ 8,50 € · 4 = 34 €

850 € (ursprünglicher Preis)
− _34 €_ (Rabatt)
816 € muss Alexander bezahlen.

100 % ≙ 850 €
  1 % ≙ 8,50 €
  9 % ≙ 8,50 € · 9 = 76,50 €

850,00 € (ursprünglicher Preis)
+ _76,50 €_ (Preiserhöhung)
926,50 € muss Maximilian bezahlen.

926,50 €
−816,00 €
110,50 €

Maximilian muss **110,50 €** mehr bezahlen als Alexander.

69 Beachte, dass bei der ersten Frage die Größe von **Brigitte 100 %** ist.

15 cm ist Ingrid größer als Brigitte.

100 %

150 cm ≙ 100 %
1,50 cm ≙ 1 %
  15 cm ≙ **10 %**

→ 15 cm : 1,5 cm = **10**

Ingrid ist um **10 % größer** als Brigitte.

Beachte, dass bei der zweiten Frage die Größe von **Ingrid 100 %** ist.

165 cm ≙ 100 %
1,65 cm ≙ 1 %
15 cm ≙ **9,1 %**

100 %

→ 15 cm : 1,65 cm =
1500 cm : 165 cm = **9,$\overline{09}$**
− 1485   ≈ **9,1**
    1500
 − 1485
     15 Rest

Beachte: Runde auf eine
Stelle hinter dem Komma!

Brigitte ist ungefähr um **9,1 % kleiner** als Ingrid.

70 Beachte, dass der Rechnungsbetrag **ohne** Mehrwertsteuer **100 %** ist.

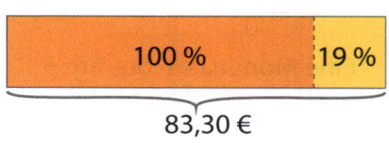

83,30 €

119 % ≙ 83,30 €
  1 % ≙ 83,30 € : 119 = 0,70 €
 19 % ≙ 0,70 € · 19 = **13,30 €**

83,30 € : 119 = 0,70 €
− 833
   0

13,30 € betrug die Mehrwertsteuer.

71 Beachte, dass das Nettogehalt und die Abzüge zusammen das Bruttogehalt ergeben, nämlich 100 %.

  1792 € (Nettogehalt)
+ 1008 € (Abzüge)
  2800 € (Bruttogehalt)

2800 € ≙ 100 %
  28 € ≙ 1 % → 1008 € : 28 € = **36**
1008 € ≙ **36 %**

Die Abzüge betragen **36 %**.

72

15 % ≙ 2700 €	18000 € (normaler Kaufpreis)
1 % ≙ 2700 € : 15 = 180 €	− 2700 € (Anzahlung)
100 % ≙ 180 € · 100 = 18 000 €	**15300 € (Restzahlung)**

Beachte, dass bei der Berechnung des Aufpreises von 4 % die **Restzahlung** von 15 300 € **100 %** sind.

100 % ≙ 15 300 €	15300 € (Restzahlung ohne Aufpreis)
1 % ≙ 153 €	+ 612 € (Aufpreis von 4 %)
4 % ≙ 153 € · 4 = 612 €	**15912 € (Restzahlung mit Aufpreis)**

15912 € : 30 = **530,40 €**
−150
  91
 −90
  120
 −120
    0

Eine Monatsrate beträgt **530,40 €**.

73

45 % (Spenden)	100 %
+33 % (Staatszuschuss)	− 78 %
78 % (Fremdzahlung)	**22 %**

Die Eigenleistung des Vereins betrug **22 %**.

100 % ≙ 260 000 €
1 % ≙ 2600 €
22 % ≙ 2600 € · 22 = **57 200 €**

Der Verein brachte **57 200 €** in Eigenleistung auf.

74 Beachte, dass die **angezeigte** Geschwindigkeit immer **100 %** ist.

100 % ≙ 150 km/h
1 % ≙ 1,5 km/h
6 % ≙ 1,5 km/h · 6 = **9 km/h**

150 km/h − 9 km/h = **141 km/h**
150 km/h + 9 km/h = **159 km/h**

Frau Flott fährt mindestens **141 km/h** und höchstens **159 km/h**.

75  Es sind insgesamt
5 · 4 K. = 20 Kästchen.
1 Kästchen ≙ $\frac{1}{20}$ ≙ 5 %
6 ganze  Kästchen
sind farbig markiert.

5 % · 6 = **30 %**

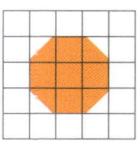 Insgesamt sind es
5 · 5 K. = 25 Kästchen.
1 Kästchen ≙ $\frac{1}{25}$ ≙ 4 %
7 ganze Kästchen
sind farbig markiert.

4 % · 7 = **28 %**

oder:

20 K. ≙ 100 %
0,2 K. ≙ 1 % → 6 K. : 0,2 K. = **30**
6 K. ≙ **30 %**

30 % sind farbig markiert.

25 K. ≙ 100 %
0,25 K. ≙ 1 % → 7 K. : 0,25 K. = **28**
7 K. ≙ **28 %**

28 % sind farbig markiert.

76
  100 % (ursprünglicher Preis)
− 12 % (Rabatt)
  88 % (jetziger Preis)

88 % ≙ 220 €
 1 % ≙ 220 € : 88 = 2,50 €
100 % ≙ 2,50 € · 100 = **250 €**

Der ursprüngliche Preis des Wintermantels war **250 €**.

77 Beachte, dass der **normale** Preis **100 %** ist.

13 % ≙ 49,40 €
 1 % ≙ 49,40 € : 13 = 3,80 €
100 % ≙ 3,80 € · 100 = **380 €** Der normale Preis des Schranks ist **380 €**.

 380,00 € (normaler Preis)
− 49,40 € (Sonderrabatt)
 330,60 € (Verkaufspreis)   Der Schrank wurde für **330,60 €** verkauft.

78 100 % ≙ 1920 €
  1 % ≙ 19,20 €
 20 % ≙ 19,20 € · 20 = **384 €**
(für Lebensmittel)

oder: 1920 € : 5 = **384 €**
− 15
  42
− 40
   20
  − 20
    0

 1 % ≙ 19,20 €
28 % ≙ 19,20 € · 28 = **537,60 €**
(für Miete)

19,20 € · 7 = **134,40 €**
(für Heizung und Strom)

→ Auf der nächsten Seite geht es weiter.

$$19{,}20\,€ \cdot 14$$
$$\underline{\quad\quad 1\,9\,2\,0}$$
$$\underline{\quad\quad\;\; 7\,6\,8\,0}$$
268,80 € (für Kleidung und Wäsche)

$$19{,}20\,€ \cdot 1\,9{,}5$$
$$\underline{\quad\quad\quad 1\,9\,2\,0}$$
$$\underline{\quad\quad 1\,7\,2\,8\,0}$$
$$\underline{\quad\quad\quad\; 9\,6\,0\,0}$$
374,40 € (für Sonstiges)

$$\begin{array}{r} 384{,}00\ € \\ 537{,}60\ € \\ 134{,}40\ € \\ 268{,}80\ € \\ +\ \ 374{,}40\ € \\ \hline \textbf{1699,20 € (Ausgaben)} \end{array}$$

$$\begin{array}{r} 1920{,}00\ € \text{ (Gehalt)} \\ -\ 1699{,}20\ € \text{ (Ausgaben)} \\ \hline \textbf{220,80 € (monatliche Ersparnis)} \end{array}$$

oder:
$$\begin{array}{r} 20{,}0\,\% \\ 28{,}0\,\% \\ 7{,}0\,\% \\ 14{,}0\,\% \\ +\,19{,}5\,\% \\ \hline \textbf{88,5 \%} \text{ gibt er aus.} \end{array}$$

$$\begin{array}{r} 100{,}0\,\% \\ -\ \ 88{,}5\,\% \\ \hline \textbf{11,5 \%} \text{ spart er.} \end{array}$$

1 % ≙ 19,20 €
11,5 % ≙ 19,20 € · 11,5 = **220,80 €**

Herr Klein spart monatlich **220,80 €**.

79
$$\begin{array}{r} 800\ € \text{ (ursprünglicher Preis)} \\ -\,680\ € \text{ (jetziger Preis)} \\ \hline 120\ € \text{ (Preissenkung)} \end{array}$$

800 € ≙ 100 %
8 € ≙ 1 %   → 120 € : 8 € = **15**
120 € ≙ **15 %**

Der Preis wurde um **15 %** gesenkt.

80 $\dfrac{1}{4}$ = 25 %

$$\begin{array}{r} 25\,\% \text{ (Flug)} \\ 32\,\% \text{ (Ferienwohnung)} \\ +\,16\,\% \text{ (Essen und Trinken)} \\ \hline 73\,\% \end{array}$$

$$\begin{array}{r} 100\,\% \\ -\ \ 73\,\% \\ \hline \textbf{27 \%} \text{ (Ausflüge und Sonstiges)} \end{array}$$

27 % ≙ 648 €
1 % ≙ 648 € : 27 = 24 €
100 % ≙ 24 € · 100 = **2400 €**

$$\begin{array}{r} 648\ €\ :\ 27 = 24\ € \\ -\,54 \\ \hline 108 \\ -\,108 \\ \hline 0 \end{array}$$

Der Urlaub kostete insgesamt **2400 €**.

81

Es sind insgesamt
5 · 5 K. = 25 Kästchen.
1 Kästchen $\triangleq \frac{1}{25} \triangleq 4\%$
18 ganze ▮ Kästchen
sind farbig markiert.

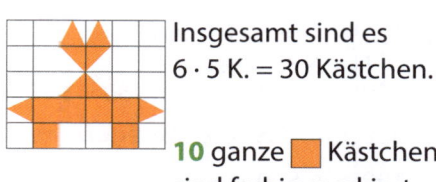

Insgesamt sind es
6 · 5 K. = 30 Kästchen.

10 ganze ▮ Kästchen
sind farbig markiert.

$4\% \cdot 18 =$ **72 %**
72 % sind farbig markiert.

10 Kästchen sind $\frac{1}{3}$ von 30 Kästchen.
$\frac{1}{3} =$ **33 $\frac{1}{3}$ %**
33 $\frac{1}{3}$ % (= 33,$\overline{3}$ %) sind farbig markiert.

82

100 % $\triangleq$ 8000 €
1 % $\triangleq$ 80 €
5 % $\triangleq$ 80 € · 5 = 400 €

8000 € (ursprünglicher Preis)
– 400 € (Rabatt)
7600 € (ermäßigter Preis)

Der **ermäßigte Preis** ist nun vor Abzug des Skontos **wieder 100 %**.

100 % $\triangleq$ 7600 €
1 % $\triangleq$ 76 €
2 % $\triangleq$ 76 € · 2 = 152 €

7600 € (ermäßigter Preis)
– 152 € (Skonto)
7448 €

Frau Rieger zahlt für die Küche **7448 €**.

83

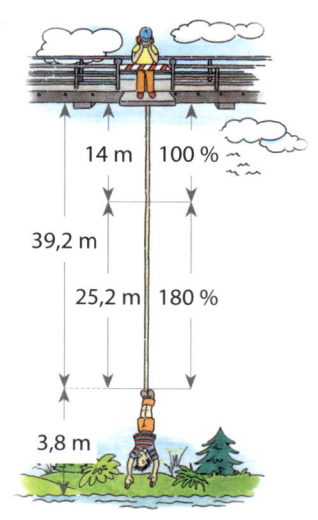

14 m | 100 %

39,2 m

25,2 m | 180 %

3,8 m

100 % $\triangleq$ 14 m
1 % $\triangleq$ 0,14 m
180 % $\triangleq$ 0,14 m · 180 = **25,20 m**

Das Seil dehnt sich **um 25,20 m** aus.

14,00 m (normale Seillänge)
+ 25,20 m (Ausdehnung des Seils)
39,20 m (ausgedehntes Seil)

Das Seil ist nun **39,20 m** lang.

43,00 m (Höhe der Brücke)
– 39,20 m (ausgedehntes Seil)
3,80 m

Das Seilende ist **3,80 m** von der
Wasseroberfläche entfernt.

Ja, Klaus kann den Sprung riskieren.

84 100 % ≙ 8500 Personen
1 % ≙ 85 Personen
60 % ≙ 85 Personen · 60 = **5100 Personen** (haben gewählt)

Beachte, dass die **abgegebenen Stimmen** jetzt **100 %** sind.

100 % ≙ 5100 Stimmen
1 % ≙ 51 Stimmen
70 % ≙ 51 Stimmen · 70 = **3570 Stimmen**

Herr Großmann hat **3570 Stimmen** bekommen.

8500 Personen ≙ 100 %
85 Personen ≙ 1 % → 3570 Personen : 85 Personen = **42**
3570 Personen ≙ **42 %**

Es haben **42 %** der Wahlberechtigten für Herrn Großmann gestimmt.

85

5 cm	3 cm	2 cm
50 % Ackerland	30 % Wiesen	20 % Wald

86 108 Teilnehmer + 204 Teilnehmer + 288 Teilnehmer = **600 Teilnehmer**
(Ehrenurkunden) (Siegerurkunden) (keine Urkunde) **(insgesamt)**

600 Teilnehmer ≙ 100 %   204 Teilnehmer ≙ **34%**
6 Teilnehmer ≙ 1 %   288 Teilnehmer ≙ **48%**
108 Teilnehmer ≙ (108 : 6) % = **18 %**

1,8 cm	3,4 cm	4,8 cm
18 % Ehren-urkunde	34 % Siegerurkunde	48 % keine Urkunde
108 Teilnehmer	204 Teilnehmer	288 Teilnehmer

87 11 Stimmen + 8 Stimmen + 6 Stimmen = **25 Stimmen**
(Christian) (Sarah) (Daniel) **(insgesamt)**

Besser lernen für bessere Noten:

Mathematik

5. bis 9. Klasse

- Textaufgaben und Reche fertigkeit trainieren
- verschiedene Themenhe Bruchrechnen, Prozentre Flächenberechnung

DIN-A5-Heft | 6,90 EUR (D) | 7,10

Mathe trainieren

1. bis 4. Klasse

- alle wichtigen Bereiche des Mathe-Lehrplans üben und wiederholen
- Rechenfertigkeit verbessern
- mathematisches Denkvermögen trainieren

DIN-A5-Heft | 6,90 EUR (D) | 7,10 EUR (A) | 7,90 CHF (CH)

Lernzielkontr Mathe u. Deu

2. bis 4. Klasse

- verschied. Klassenarbeit zu allen Themen der jeweiligen Klassenstufe
- Überprüfung des Wisser
- Punkteskala und Noten- schlüssel zur Selbsteinsc

DIN-A4-Heft | 9,90 EUR (D) | 10,

Rechnen in der Grundschule

1. bis 3. Klasse

- spielerisch und abwechslungsreich
- thematisch verpackt und liebevoll illustriert
- 1x1, Grundrechenarten, Größen und vieles mehr

DIN-A5-Heft | 6,90 EUR (D) | 7,10 EUR (A) | 7,90 CHF (CH)

Lernspaß

1. bis 4. Klasse

- mit Spaß und Freude wiederholen und üben
- abwechslungsreiche Auf
- auch bestens für die Ferien geeignet

DIN-A5-Block | 6,90 EUR (D) | 7,

Textaufgaben Grundschule

2. bis 4. Klasse

- Textaufgaben schrittweise üben
- Strategien erlernen, um Sachaufgaben zu lösen
- mit ausführlichen Erklärungen und Lösungswegen

DIN-A5-Heft | 6,90 EUR (D) | 7,10 EUR (A) | 7,90 CHF (CH)

Grammatik

1. bis 7. Klasse

- abwechslungsreiche Übungen zu allen wicht grammatischen Bereich
- mit kurzen Merktexten
- Zwischentests zur Über

DIN-A5-Heft | 6,90 EUR (D) | 7,10

A) | 7,90 CHF (CH)

Aufsatz

2. bis 11. Klasse

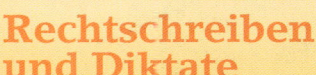

- Schritt für Schritt zum guten Aufsatz
- viele Tipps und Übungen
- mit zahlreichen Musteraufsätzen

DIN-A5-Heft | 6,90 EUR (D) | 7,10 EUR (A) | 7,90 CHF (CH)

Fit für jede Klassen- arbeit!

(A) | 11,40 CHF (CH)

Rechtschreiben und Diktate

1. bis 7. Klasse
und für Erwachsene

- Rechtschreibstrategien und -regeln erlernen
- Zeichensetzung üben
- Übungsdiktate zur Überprüfung

DIN-A5-Heft | 6,90 EUR (D) | 7,10 EUR (A) | 7,90 CHF (CH)

A) | 7,90 CHF (CH)

Besser lesen

1. bis 4. Klasse

- Freude am Lesen mit den Lesemonstern
- Lesekompetenz steigern
- genaues, sinnerfassendes Lesen üben

DIN-A5-Heft | 6,90 EUR (D) | 7,10 EUR (A) | 7,90 CHF (CH)

A) | 7,90 CHF (CH)

Englisch

3. bis 7. Klasse
und für Erwachsene

- lehrwerksunabhängig Englisch lernen
- Zeitformen und Grammatik erlernen
- Diktate, Übersetzungen und Vokabeln üben

DIN-A5-Heft | 6,90 EUR (D) | 7,10 EUR (A) | 7,90 CHF (CH)

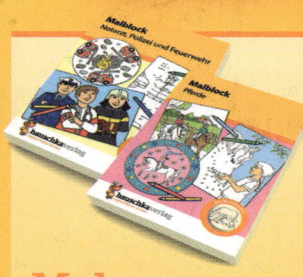

25 Stimmen ≙ 100 %
1 Stimme ≙ 4 %
11 Stimmen ≙ 44 %
8 Stimmen ≙ 32 %
6 Stimmen ≙ 24 %

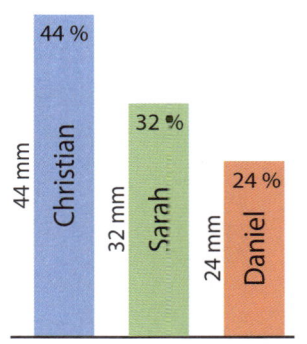

88

1670 PKWs
532 LKWs
281 Motorräder
+ 417 andere Fahrzeuge
2900 Fahrzeuge insgesamt

2900 Fahrzeuge ≙ 100 %
29 Fahrzeuge ≙ 1 %
1670 Fahrzeuge ≙ **57,59 %**
≈ **58 %** PKWs

532 : 29 = 18,34 → **18 % LKWs**
281 : 29 = 9,69 → **10 % Motorräder**
417 : 29 = 14,38 → **14 %**
andere Fahrzeuge

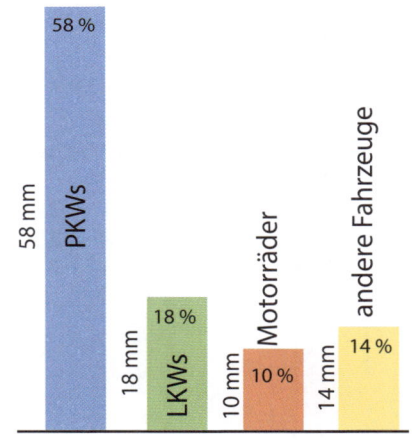

89

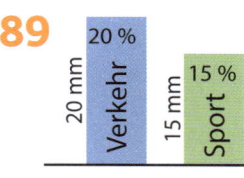

Diese **Orientierungslinie** ist Stand
vorletztes Jahr und entspricht **100 %**.

120 % ≙ 204 VU	115 % ≙ 138 SpU	88 % ≙ 220 AU
1 % ≙ 1,7 VU	1 % ≙ 1,2 SpU	1 % ≙ 2,5 AU
100 % ≙ **170 VU**	100 % ≙ **120 SpU**	100 % ≙ **250 AU**

Es ereigneten sich im vorletzten Jahr **170 Verkehrsunfälle**,
120 Sportunfälle und **250 Arbeitsunfälle**.

90 100 % ≙ 360°
    1 % ≙ 3,6°

    50 % ≙ 3,6° · 50 = **180°**
    30 % ≙ 3,6° · 30 = **108°**
    20 % ≙ 3,6° · 20 = **72°**

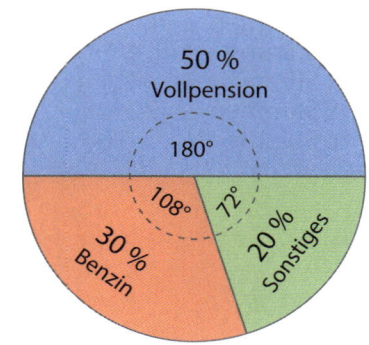

91 100 % ≙ 360°
    1 % ≙ 3,6°

    30 % ≙ 3,6° · 30 = **108°**
    28 % ≙ 3,6° · 28 = 100,8° ≈ **101°**
    20 % ≙ 3,6° · 20 = **72°**
    9 % ≙ 3,6° · 9 = 32,4° ≈ **32°**
    7 % ≙ 3,6° · 7 = 25,2° ≈ **25°**
    6 % ≙ 3,6° · 6 = 21,6° ≈ **22°**

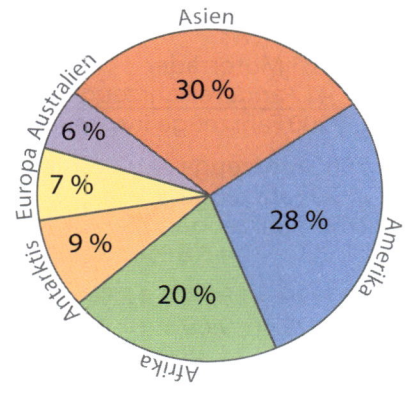

92   650 € (zahlen die Eltern)
    390 € (hat er gespart)
+ 195 € (schenkt ihm sein Onkel)
  1235 € (hat er insgesamt)

    1300 € (kostet das Mountainbike)
− 1235 € (hat er insgesamt)
    65 € (fehlen noch)

Ihm fehlen noch **65 €**.

1300 € ≙ 100 %
  13 € ≙ 1 %

             1 % ≙ 3,6°
650 € ≙ **50 %**   50 % ≙ 3,6° · 50 = **180°**
390 € ≙ **30 %**   30 % ≙ 3,6° · 30 = **108°**
195 € ≙ **15 %**   15 % ≙ 3,6° · 15 = **54°**
 65 € ≙ **5 %**   5 % ≙ 3,6° · 5 = **18°**

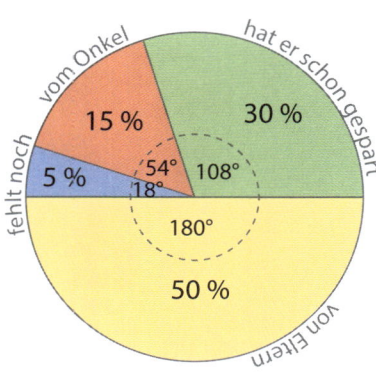
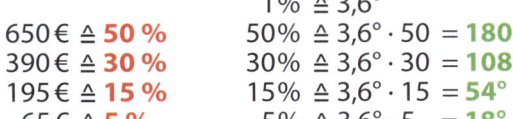

93

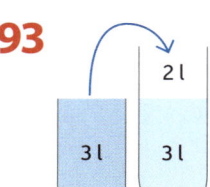 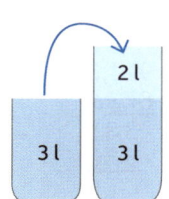 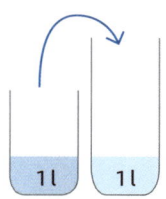 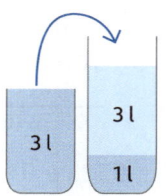

Zunächst wird das volle 3-Liter-Gefäß in das 5-Liter-Gefäß gefüllt.

Dann wird wieder Wasser vom vollen 3-Liter-Gefäß in das 5-Liter-Gefäß gegossen und zwar so viel, bis dieses voll ist. Es bleibt im 3-Liter-Gefäß ein Rest von 1 Liter übrig.

Zunächst wird das 5-Liter-Gefäß geleert. Dann gießt man vom 3-Liter-Gefäß den 1 Liter hinein.

Zum Schluss gießt man noch 3 Liter in das große Gefäß dazu und hat dann **4 Liter** genau abgemessen.

Es gibt noch eine **weitere Lösung**:
- ▶ Mit vollem 5-Liter-Gefäß das 3-Liter-Gefäß auffüllen.
- ▶ Die restlichen 2 Liter in das leere 3-Liter-Gefäß umfüllen.
- ▶ Mit vollem 5-Liter-Gefäß das 3-Liter-Gefäß auffüllen.
- ▶ Es bleiben im 5-Liter-Gefäß genau **4 Liter** übrig.

Test 2

94   85 % ≙ 51 Punkte
     1 % ≙ 51 Punkte : 85 = 0,6 Punkte
100 % ≙ 0,6 Punkte · 100 = **60 Punkte**

Die Gesamtpunktzahl betrug **60 Punkte**.

95   795 € (neue Miete)
− 750 € (bisherige Miete)
   45 € (Mieterhöhung)

750 € ≙ 100 %
7,50 € ≙ 1 %   →   45 € : 7,5 € = **6**
  45 € ≙ **6 %**

Die Mieterhöhung beträgt **6%**.

96 Beachte, dass der **Rechnungsbetrag 100 %** war.

100 % (Rechnungsbetrag)
− 3 % (Skonto)
97 % (bezahlt Frau Burger)

$911{,}80\ € : 97 = 9{,}40\ €$
− 873
3 8 8
−3 8 8
0

97 % ≙ 911,80 €
1 % ≙ 911,80 € : 97 = 9,40 €
3 % ≙ 9,40 € · 3 = **28,20 €**

Frau Burger hat **28,20 €** gespart.

97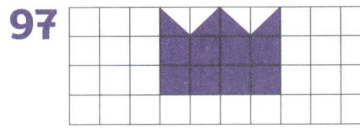

Es sind insgesamt 10 · 4 K. = 40 Kästchen.

10 ganze Kästchen sind farbig markiert.

10 Kästchen = $\frac{1}{4}$ von 40 Kästchen $\frac{1}{4}$ = **25 %**

98 104 % ≙ 884 €
1 % ≙ 884 € : 104 = 8,50 €
100 % ≙ 8,50 € · 100 = **850 €**

Der Computer hat vor der Preiserhöhung **850 €** gekostet.

99 100 % ≙ 25 000 €
1 % ≙ 250 €
4 % ≙ 250 € · 4 = 1000 €

25000 € (ursprünglicher Preis)
− 1000 € (Rabatt)
24000 € (ermäßigter Preis)

Beachte, dass der **ermäßigte Preis** vor Abzug des Skontos **wieder 100 %** ist. (**Neuer** Grundwert!)

100 % ≙ 24 000 €
1 % ≙ 240 €
2 % ≙ 240 € · 2 = 480 €

24000 € (ermäßigter Preis)
− 480 € (Skonto)
23520 €

23 520 € muss Herr Goldmann tatsächlich bezahlen.

Wenn du **alle** Aufgaben des Zwischentests **richtig** gelöst hast, hast du dir die **Note 1** verdient.
Bei **1 bis 2 falsch** gelösten Aufgaben hast du **gut** gearbeitet.
Bei **3 bis 5 falsch** gelösten Aufgaben solltest du die Aufgaben des 2. Kapitels noch einmal rechnen, bei denen du Schwierigkeiten hattest (siehe Erfolgstabelle).
Bei **6 falsch** gelösten Aufgaben solltest du dir alle Aufgaben des 2. Kapitels noch einmal genau ansehen.

100

100 % ≙ 150 €	→	150 € (Einkaufspreis)
1 % ≙ 1,50 €	→	+ 30 € (Unkosten)
20 % ≙ 30 €	→	**180 € (Selbstkostenpreis)**

100 % ≙ 180 €	→	180 € (Selbstkostenpreis)
1 % ≙ 1,80 €	→	+ 45 € (Gewinn)
25 % ≙ 45 €	→	**225 € (Nettopreis)**

100 % ≙ 225 €	→	225,00 € (Nettopreis)
1 % ≙ 2,25 €	→	+ 42,75 € (Mehrwertsteuer)
19 % ≙ 42,75 €	→	**267,75 € (Endpreis)**

Beachte, dass der zeitlich **frühere** Preis immer der **Grundwert** ist und somit immer **100 %** entspricht. Dies hat zur Folge, dass sich der **Grundwert ständig ändert**.

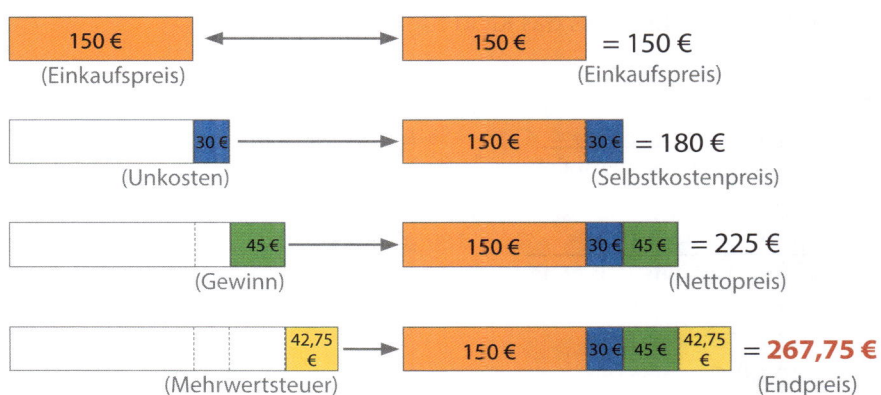

101

38 € (Einkaufspreis)
+ 12 € (Unkosten)
50 € (Selbstkostenpreis)

100 % ≙ 50 € (Selbstkostenpreis)
1 % ≙ 50 € : 100 = 0,50 €
20 % ≙ 0,50 € · 20 = 10 € (Gewinn)

50 € (Selbstkostenpreis)
+ 10 € (Gewinn)
60 € (Verkaufspreis ohne Mehrwertsteuer = Nettopreis)

100 % ≙ 60 €
1 % ≙ 60 € : 100 = 0,60 €
19 % ≙ 0,60 € · 19 = 11,40 € (Mehrwertsteuer)

60,00 € (Nettopreis)
+ 11,40 € (Mehrwertsteuer)
71,40 € (Endpreis)

→ Auf der nächsten Seite geht es weiter.

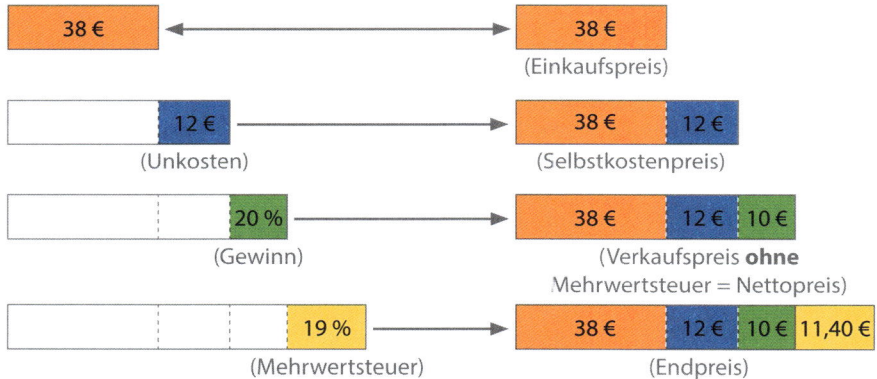

Der Textilhändler muss das Kleid für **71,40 €** verkaufen.

102

355 € (Einkaufspreis)
+ 45 € (Unkosten)
400 € (Selbstkostenpreis)

400 € (Selbstkostenpreis)
− 60 € (Verlust)
340 € (Verkaufspreis ohne Mehrwertsteuer = Nettopreis)

340,00 € (Nettopreis)
+ 64,60 € (Mehrwertsteuer)
404,60 € (Endpreis)

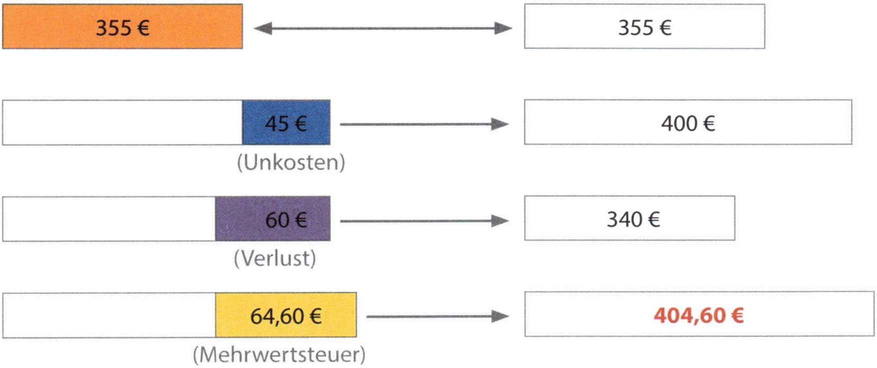

100 % ≙ 400 € (Selbstkostenpreis)
1 % ≙ 4 €
15 % ≙ 4 € · 15 = 60 € (Verlust)

100 % ≙ 340 € (Nettopreis)
1 % ≙ 3,40 €
19 % ≙ 3,40 € · 19 = 64,60 € (Mehrwertsteuer)

355 €	⟷	355 €
45 € (Unkosten)	→	400 €
60 € (Verlust)	→	340 €
64,60 € (Mehrwertsteuer)	→	**404,60 €**

Der Verkaufspreis (Endpreis) war **404,60 €**.

103

100 % ≙ 6000 €		6000 € (Einkaufspreis)
20 % ≙ 1200 € —————→		+ 1200 € (Unkosten)
		7200 € (Selbstkostenpreis)

100 % ≙ 7200 €		7200 € (Selbstkostenpreis)
1 % ≙ 72 €		− 360 € (Verlust)
5 % ≙ 360 € —————→		**6840 € (Nettopreis)**

100 % ≙ 6840,00 €		6840,00 € (Nettopreis)
7 % ≙ 478,80 € —————→		+ 478,80 € (Mehrwertsteuer)
		7318,80 € (Endpreis)

Der Händler nahm **7318,80 €** ein.

104

119 % ≙ 71,40 € (Endpreis)
1 % ≙ 71,40 € : 119 = 0,60 €
100 % ≙ **60 € (Nettopreis)**

60 €	−	12 €	=	**48 €**
(Nettopreis)		(Gewinn)		**(Selbstkostenpreis)**

120 % ≙ 48 € (Selbstkostenpreis)
1 % ≙ 0,40 €
100 % ≙ **40 €**

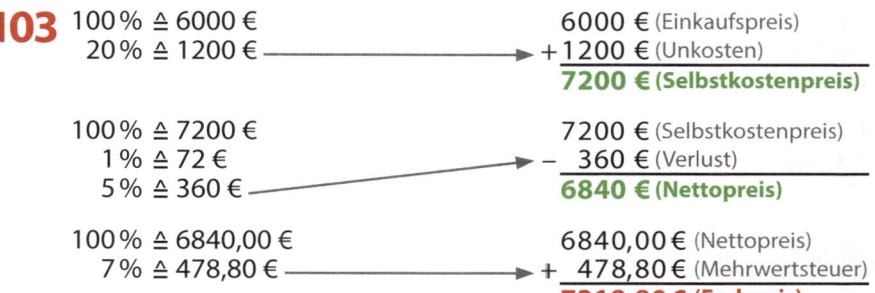

71,40 € (Endpreis)
119 %

60 € (Nettopreis)
100 %

48 € (Selbstkostenpreis)
120 %

40 € (Einkaufspreis)
100 %

Der **Einkaufspreis** beträgt **40 €**.

105

119 % ≙ 95,20 €	100 % ≙ 60 € (Einkaufspreis)
1 % ≙ 95,20 € : 119 = 0,80 €	1 % ≙ 60 € : 100 = 0,60 €
100 % ≙ 0,80 € · 100 = **80 € (Nettopreis)**	15 % ≙ 0,60 € · 15 = **9 € (Unkosten)**

80 €	−	60 €	−	9 €	= **11 €**
(Nettopreis)		(Einkaufspreis)		(Unkosten)	

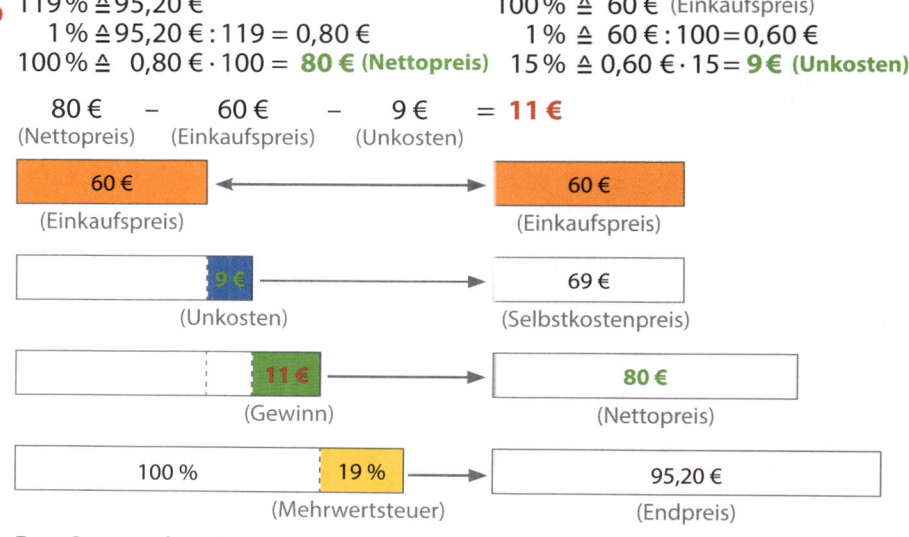

Der Gewinn beträgt **11 €**.

106

119 % ≙ 47,60 €
  1 % ≙ 47,60 € : 119 = 0,40 €
100 % ≙ 0,40 € · 100 = **40 € (Nettopreis)**

   27 € (Einkaufspreis)
+ 5 € (Unkosten)
   32 € (Selbstkostenpreis)

  40 € (Nettopreis)
− 32 € (Selbstkostenpreis)
   8 € (Gewinn)

  32 € ≙ 100 %
0,32 € ≙ 1 %
  8 € ≙ **25 %**

→ 8 € : 0,32 € = **25**

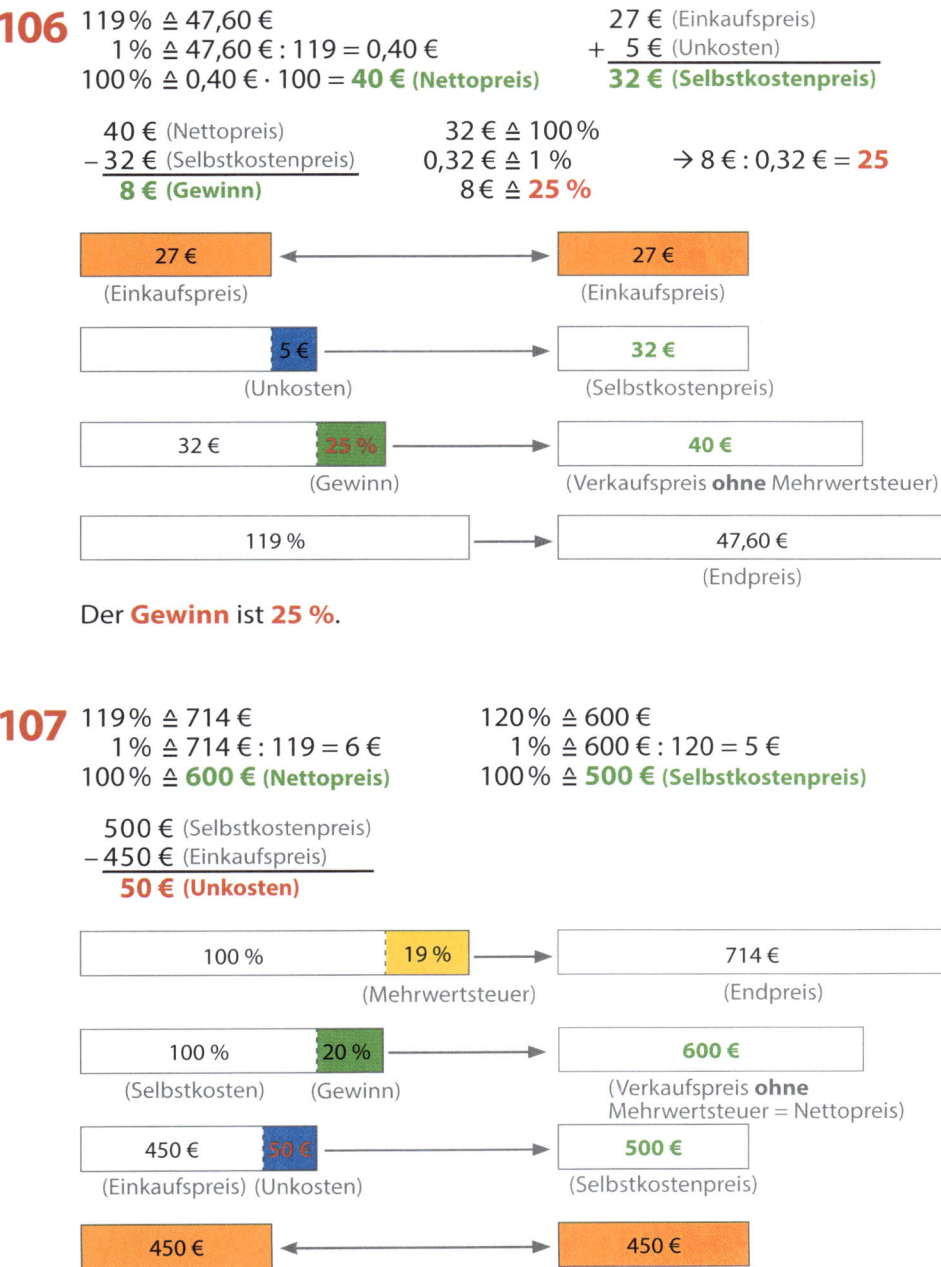

Der **Gewinn** ist **25 %**.

107

119 % ≙ 714 €
  1 % ≙ 714 € : 119 = 6 €
100 % ≙ **600 € (Nettopreis)**

120 % ≙ 600 €
  1 % ≙ 600 € : 120 = 5 €
100 % ≙ **500 € (Selbstkostenpreis)**

  500 € (Selbstkostenpreis)
− 450 € (Einkaufspreis)
   50 € (Unkosten)

Die **Unkosten** betragen **50 €**.

108

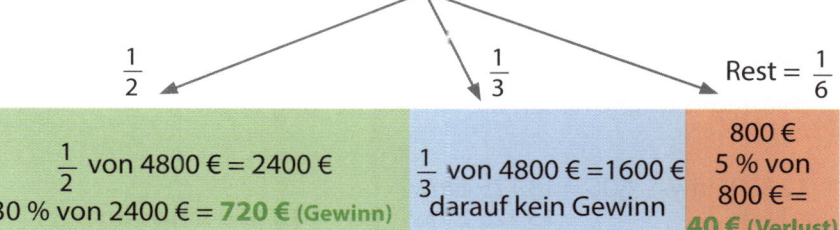

4800 € (Selbstkostenpreis)

$\frac{1}{2}$ $\frac{1}{3}$ Rest = $\frac{1}{6}$

$\frac{1}{2}$ von 4800 € = 2400 € 30 % von 2400 € = **720 € (Gewinn)**	$\frac{1}{3}$ von 4800 € =1600 € darauf kein Gewinn	800 € 5 % von 800 € = **40 € (Verlust)**

   720 € (Gewinn)   4800 € ≙ 100 %
−   40 € (Verlust)   48 € ≙ 1 %   → 680 € : 48 € = **14,1666...**
680 € (tatsächlicher Gewinn)   680 € ≙ **ungefähr 14,2 %**

Der tatsächliche Gewinn ist ungefähr **14,2 %**.

109   60 € · 35 = 2100 € (Einkaufspreis)   2100 € (Einkaufspreis)
                                          +   420 € (Unkosten)
                                         2520 € (Selbstkostenpreis)

$\frac{4}{5}$ von 2520 € = 2016 € $\frac{1}{5}$ von 2520 € = 504 €

2520 € (Selbstkostenpreis)

$\frac{4}{5}$ $\frac{1}{5}$

2016 €	504 €

40 % von 2016 € = **806,40 € (Gewinn)**   15 % von 504 € = **75,60 € (Verlust)**

   806,40 € (Gewinn)   2520 € ≙ 100 %
−   75,60 € (Verlust)   25,20 € ≙ 1 % → 730,80 € : 25,20 € = **29**
730,80 € (tatsächlicher Gewinn) 730,80 € ≙ **29 %**

Der tatsächliche Gewinn ist **29 %**.

110
100 % ≙ 600 Sitzplätze
  1 % ≙ 6 Sitzplätze
80 % ≙ **480 Sitzplätze**

100 % ≙ 480 Besucher
10 % ≙ 48 Besucher
70 % ≙ **336 Besucher (Jugendliche)**

oder: $600 \cdot 0,8 \cdot 0,7 = \mathbf{336}$

336 Jugendliche haben die Kinovorstellung besucht.

111
$12\,500\,\text{Einw.} \cdot 1,05 = 13\,125\ \text{Einw.}$
$13\,125\ \text{Einw.} \cdot 1,04 = \mathbf{13\,650\ Einwohner}$

oder: $12\,500 \cdot 1,05 \cdot 1,04 = \mathbf{13\,650}$

Die Stadt hat jetzt **13 650 Einwohner**.

112
100 % ≙ 1200 €
  1 % ≙ 12 €
17 % ≙ 12 € · 17 = 204 € (Rabatt)

1200 € (ursprünglicher Preis)
−   204 € (Rabatt)
996 € (83 % des ursprüngl. Preises)

→ 996 € sind jetzt 100 %.

1 % ≙ 9,96 €
3 % ≙ 9,96 € · 3 = 29,88 € (Skonto)

996,00 € (Preis nach Abzug des Rabatts)
− 29,88 € (Skonto)
996,12 €

Bei Sofortzahlung würde der Computer **996,12 €** kosten, nicht 960 €.

Dominiks Fehler: Er addiert beide Prozentanteile. Das ist falsch, denn man muss zuerst den Rabatt abziehen und erst von dem neuen Preis die 3 % Skonto.

113
75 % ≙ 4500 €
  1 % ≙ 60 €
100 % ≙ **6000 € (Schadenssumme)**

40 % ≙ 6000 €
  1 % ≙ 150 €
100 % ≙ **15 000 €**

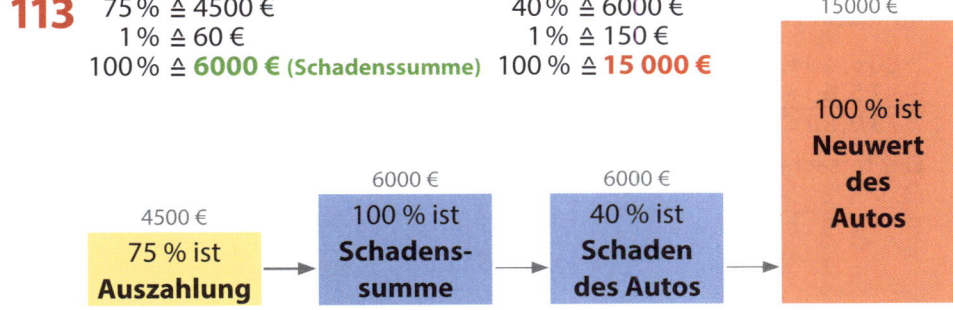

Der Neuwert des Autos beträgt **15 000 €**.

114 $60 € \cdot 1{,}10 = \textbf{66 €}$

Eine Übernachtung kostet nach der Preis**erhöhung 66 €**.

$66 € \cdot 0{,}90 = \textbf{59,40 €}$

Eine Übernachtung kostet nach der Preis**senkung** jetzt **59,40 €**.

$66 € \triangleq 100 \%$
$0{,}66 € \triangleq 1 \% \quad \rightarrow 6 € : 0{,}66 € = \textbf{9,090909...}$
$\quad 6 € \triangleq \textbf{ungefähr 9,09 \%}$

Der Hotelbesitzer hätte den erhöhten Preis um nur **9,09 %** senken
müssen, damit eine Übernachtung wieder 60 € kostet, so wie
zu Beginn.

115 $7000 \cdot 0{,}75 = 5250$
$\qquad\qquad 5250 \cdot 0{,}90 = 4725$
$\qquad\qquad\qquad 4725 \cdot 0{,}96 = \textbf{4536}$

oder: $7000 \cdot 0{,}75 \cdot 0{,}9 \cdot 0{,}96 = \textbf{4536}$
Ich erhalte die Zahl **4536**.

$4536 \cdot 1{,}39 = \textbf{6 305,04}$
Die neue Zahl heißt **6305,04**.

Die ursprüngliche Zahl 7000 erhält man deshalb nicht wieder, weil der
Grundwert (100 %) sich jedes Mal **verändert**. Man darf deshalb die
Prozente nicht einfach addieren.

116 $108 \% \triangleq 20\,412$
$\quad 1 \% \triangleq 20\,412 : 108 = 189$
$100 \% \triangleq 189 \cdot 100 = \textbf{18 900}$
oder: $20\,412 : 1{,}08 = \textbf{18 900}$

$105 \% \triangleq 18\,900$
$\quad 1 \% \triangleq 18\,900 : 105 = 180$
$100 \% \triangleq 180 \cdot 100 = \textbf{18 000 Einwohner}$
oder: $18\,900 : 1{,}05 = \textbf{18 000}$

Die Stadt hatte vorletztes Jahr **18 000 Einwohner**.

117

1. Jahr
100 % ≙ 5000 €
1 % ≙ 50 €
4 % ≙ 200 €

5000 € (Kapital)
+ 200 € (Zinsen)
5200 € (Kapital und Zinsen nach 1 Jahr)

2. Jahr
100 % ≙ 5200 €
1 % ≙ 52 €
4 % ≙ 208 €

5200 € (Kapital)
+ 208 € (Zinsen)
5408 € (Kapital und Zinsen nach 2 Jahren)

3. Jahr
100 % ≙ 5408,00 €
1 % ≙ 54,08 €
4 % ≙ 216,32 €

5408,00 € (Kapital)
+ 216,32 € (Zinsen)
5624,32 € (Auszahlung)

oder: 5000 € · 1,04 · 1,04 · 1,04 = **5624,32 €**

oder: 5000 € · 1,04³ = **5624,32 €**

Frau Lang bekommt nach 3 Jahren **5624,32 €** zurück.

118

98 % ≙ 999,60 €
1 % ≙ 999,60 € : 98 = 10,20 €
2 % ≙ 20,40 € (Skonto)

999,60 € (Endpreis)
+ 20,40 € (Skonto)
1020,00 € (verbilligter Preis, weil Rabatt gegeben wurde)

85 % ≙ 1020 €
1 % ≙ 12 €
15 % ≙ 180 € (Rabatt)

1020 € (verbilligter Preis)
+ 180 € (Rabatt)
1200 € (ursprünglicher Verkaufspreis)

1200,00 € (ursprünglicher Verkaufspreis)
– 999,60 € (tatsächlicher Verkaufspreis)
200,40 € (gesamter Preisnachlass)

Der gesamte Preisnachlass betrug **200,40 €**.

1200 € ≙ 100 %
12 € ≙ 1 %   → 200,40 € : 12 € = **16,7**
200,40 € ≙ **16,7 %**

Der Preisnachlass betrug **16,7 %**.

119 „Plus"-Sparen

1. Jahr	2. Jahr
100 % ≙ 2000 €	100 % ≙ 2060 € (Kapital + Zinsen)
1 % ≙ 20 €	1 % ≙ 20,60 €
3 % ≙ 60 € (Zinsen)	5 % ≙ 103 € (Zinsen)

$$2060 \text{ € (neues Kapital)}$$
$$+ \quad 103 \text{ € (Zinsen 2. Jahr)}$$
$$\mathbf{2163 \text{ €}}$$

„Extra"-Sparen

1. Jahr	2. Jahr
100 % ≙ 2000 €	100 % ≙ 2080 € (Kapital + Zinsen)
1 % ≙ 20 €	1 % ≙ 20,80 €
4 % ≙ 80 € (Zinsen)	4 % ≙ 83,20 € (Zinsen)

$$2080.00 \text{ € (neues Kapital)}$$
$$+ \quad 83.20 \text{ € (Zinsen 2. Jahr)}$$
$$\mathbf{2163,20 \text{ €}}$$

Bei dem Angebot **„Extra"-Sparen** bekommt sie mehr Zinsen, allerdings nur **20 Cent** mehr.

120

1. Zuerst fahren die 2 Kinder hinüber.

2. Dann fährt ein Kind wieder allein zurück.

3. Jetzt fährt ein Erwachsener hinüber.

4. Ein Kind fährt wieder alleine zurück.

5. Die beiden Kinder fahren hinüber.

6. Ein Kind fährt alleine zurück.

7. Ein Erwachsener fährt hinüber.

8. Ein Kind fährt alleine zurück.

9. Die beiden Kinder fahren zum Schluss hinüber.

Das Boot bleibt hier am Ufer für die Rückfahrt, muss also nicht zurückgebracht werden.

Test 3

121 $0,18 € \cdot 600 = 108 €$

108 €	(Einkaufspreis der Brötchen)
+ 132 €	(Einkaufspreis der Wurst)
240 € (gesamter Einkaufspreis)	

$100\% \triangleq 240 €$
$25\% \triangleq 60 €$

240 €	(Einkaufspreis)
+ 60 €	(Gewinn)
300 € (geplanter Verkaufspreis)	

$300 € : 600 = \textbf{0,50 €}$

Die Schüler müssen **0,50 €** für **ein Wurstbrötchen** verlangen.

70 % von 600 Brötchen = **420 Brötchen**

420 zum geplanten Stückpreis   zu je 0,50 €   → $420 \cdot 0,50 € = \textbf{210 €}$

180 zum verbilligten Stückpreis   zu je 0,40 €   → $180 \cdot 0,40 € = \textbf{72 €}$

210 €	(Brötchen zu 50 ct)
+ 72 €	(Brötchen zu 40 ct)
282 € (Einnahmen)	

282 €	(Verkaufspreis/Einnahmen)
– 240 €	(Einkaufspreis/Ausgaben)
42 € (Gewinn)	

Der tatsächliche Gewinn beträgt **42 €**.

$240,00 € \triangleq 100\%$
$2,40 € \triangleq 1\%$ → $42 € : 2,4 € = \textbf{17,5}$
$42 € \triangleq \textbf{17,5 \%}$

17,5 % ist der tatsächliche **Gewinn**.

$100\,\% \; \hat{=} \; 699\,€$
$\quad 1\,\% \; \hat{=} \; 6{,}99\,€$
$\quad 2\,\% \; \hat{=} \; 6{,}99\,€ \cdot 2 = 13{,}98\,€$ (Rabatt)

$\qquad\qquad 699{,}00\,€$ (Katalogpreis)
$- \quad 13{,}98\,€$ (Rabatt)
$\quad\;\; \textbf{685{,}02\,€ \; (ermäßigter Preis)}$

$100\,\% \; \hat{=} \; 685{,}02\,€$
$\quad\;\; 1\,\% \; \hat{=} \; 6{,}8502\,€$
$\quad 1{,}5\,\% \; \hat{=} \; 6{,}8502\,€ \cdot 1{,}5 = 10{,}2753\,€$
$\qquad\qquad\qquad\qquad \approx 10{,}28\,€$

$\qquad\quad 685{,}02\,€$ (ermäßigter Preis)
$+ \quad 10{,}28\,€$ (Verpackung & Versicherung)
$\quad\;\; \textbf{695{,}30\,€ \; (Preis im Versandhandel)}$

Im **Versandhandel** kostet die Fotoausrüstung **695,30 €**.

$\quad\;\; 689\,€$ (Fotoapparat)
$+ \quad 13\,€$ (Zubehör)
$\quad\; \textbf{702\,€ (Preis beim Fotohändler ohne Rabatt)}$

$100\,\% \; \hat{=} \; 702\,€$
$\quad 1\,\% \; \hat{=} \; 7{,}02\,€$
$\quad 3\,\% \; \hat{=} \; 7{,}02\,€ \cdot 3 = 21{,}06\,€$

$\quad 702{,}00\,€$ (Preis ohne Rabatt)
$- \quad 21{,}06\,€$ (Rabatt)
$\quad\; \textbf{680{,}94\,€ (Preis beim Fotohändler)}$

Beim **Fotohändler** kostet die Fotoausrüstung **680,94 €**.

$\quad 695{,}30\,€$ (Preis im Versandhandel)
$- 680{,}94\,€$ (Preis beim Fotohändler)
$\quad\; \textbf{14{,}36\,€ (ist die Fotoausrüstung beim örtlichen Fotohändler günstiger)}$

$\quad 695{,}30\,€ \; \hat{=} \; 100\,\%$
$\quad\;\; 6{,}953\,€ \; \hat{=} \; 1\,\% \qquad \rightarrow 14{,}36\,€ : 6{,}953\,€ = \textbf{2{,}065} \approx \textbf{2{,}07}$
$\quad 14{,}36\,€ \; \hat{=} \; \textbf{ungefähr 2{,}07\,\%}$

Der **örtliche Fachhandel** ist um **2,07 %** günstiger als der Versandhandel.

123

$1500 \, € \cdot 40 = 60\,000 \, €$

$60\,000 \, € \cdot 1{,}2 = \textbf{72\,000 €}$

Der geplante **Selbstkostenpreis** für 40 PCs beträgt **72 000 €**.

25 % von 40 PCs = 10 PCs

$2100 \, € \cdot 0{,}85 = \textbf{1785 €}$ **(Preis nach Abzug von 15 % Sonderrabatt)**

	zu je 2100 €	→ 10 · 2100 € = **21 000 €**
10 zum geplanten Einzelpreis		
18 mit Sonderrabatt	zu je 1785 €	→ 18 · 1785 € = **32 130 €**
12 zum Einkaufspreis	zu je 1500 €	→ 12 · 1500 € = **18 000 €**

40 PCs insgesamt

```
  21000 €
  32130 €
+ 18000 €
  71130 €
```

Die **Gesamteinnahmen** betragen **71 130 €**.

geplante Einnahmen (≙ **100 %**)

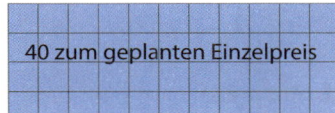

40 zum geplanten Einzelpreis

zu je 2100 € → 40 · 2100 € = **84 000 €**

(geplante Einnahmen)

```
  84000 € (geplante Einnahmen)
- 71130 € (tatsächliche Einnahmen)
  12870 € (Mindereinnahmen)
```

$84\,000 \, € ≙ 100 \, \%$

$840 \, € ≙ 1 \, \%$ → $12\,870 \, € : 840 \, € = \textbf{15,3214...} ≈ \textbf{15,32}$

$12\,870 \, € ≙$ **ungefähr 15,32 %**

Die **tatsächlichen Einnahmen** weichen von den geplanten Einnahmen ungefähr um **15,32 %** ab.

124 12 000 € : 150 = 80 € (Einkaufspreis für **einen** Tennisschläger)

100 % ≙ 80 €   80 € (Einkaufspreis pro Schläger)
 15 % ≙ 12 € ──────────────→ + 12 € (Unkosten pro Schläger)
                                    ─────────────
                                    92 € (Selbstkostenpreis pro Schläger)

100 % ≙ 92 €   92 € (Selbstkostenpreis)
 25 % ≙ 23 € ──────────────→ + 23 € (Gewinn)
                                    ─────────────
                                    115 € (Nettopreis)

100 % ≙ 115 €   115,00 € (Nettopreis)
 19 % ≙ 21,85 € ──────────────→ + 21,85 € (Mehrwertsteuer)
                                    ─────────────
                                    136,85 € (Endpreis)

Mit einer „Operatorenkette" könnte man dies schneller und einfacher berechnen, zum Beispiel:

80 € · 1,15 = **92 € (Selbstkostenpreis)**
(Unkosten-
faktor)

                92 € · 1,25 = **115 € (Nettopreis)**
                (Gewinn-
                faktor)

                                115 € · 1,19 = **136,85 € (Endpreis)**
                                (Mehrwert-
                                steuerfaktor)

oder: 80 € · 1,15 · 1,25 · 1,19 = **136,85 € (Endpreis)**

oder: 100 % ≙ 12 000 €   12000 € (Einkaufspreis für 150 Schläger)
         15 % ≙ 1800 € ──────────────→ + 1800 € (gesamte Unkosten)
                                    ─────────────
                                    13800 € (Selbstkostenpreis für 150 S.)

100 % ≙ 13 800 €   13800 € (Selbstkostenpreis)
 25 % ≙ 3450 € ──────────────→ + 3450 € (Gewinn)
                                    ─────────────
                                    17250 € (Nettopreis für 150 Schläger)

100 % ≙ 17250 €   17250,00 € (Nettopreis)
 19 % ≙ 3277,50 € ──────────────→ + 3277,50 € (Mehrwertsteuer)
                                    ─────────────
                                    20527,50 € (Endpreis für 150 Schläger)

20 527,50 € : 150 = **136,85 € (Endpreis für einen Tennisschläger)**

Der **Endpreis** für **einen** Tennisschläger beträgt **136,85 €**.

$\frac{1}{5}$ von 150 = 30 (Anzahl der Tennisschläger zum Stückpreis von 130,90 € verkauft)

119 % ≙ 130,90 €   **oder:** 130,90 € : 1,19 = **110 € (Nettopreis)**
  1 % ≙ 1,10 €   (Mehrwert-
100 % ≙ **110 € (Nettopreis)**   steuerfaktor)

   110 € (Nettopreis)
 − 92 € (Selbstkostenpreis)
   _____
      18 € (Gewinn eines Tennisschlägers beim Restverkauf)

   23 € (war der Gewinn beim nicht verbilligten Verkauf)
 − 18 € (Gewinn beim Restverkauf)
   _____
    5 € (um so viel € war der Gewinn pro Schläger beim Restverkauf niedriger)

5 € · 30 = **150 €**

Der **Gewinn** war **um 150 € niedriger** als ursprünglich geplant.

125 23000 € (Kaufpreis)   40 % von 17 500 € = **7000 €**
       − 5500 € (altes Auto)
         17500 € (Restsumme)   **oder:** 17 500 € · 0,40 = **7000 €**

Herr Baumann müsste **7000 €** anzahlen.

Kosten bei   Kosten bei
Leasingzahlung: Sofortzahlung:

5500 € (für altes Auto)		150 € · 36 = 5400 € (Ratenzahlung)
7000 € (Anzahlung)	23 000 €	
5400 € (Ratenzahlung)		
7860 € (Restzahlung)		25760 € (Leasingangebot)
		− 23000 € (bei Sofortzahlung)
	2760 €	**2760 € (müsste er mehr bezahlen)**

5500 € + 7000 € + 5400 € + 7860 € = **25 760 €**
25 760 € wären die Gesamtkosten bei Leasing.

23000 € ≙ 100 %
  230 € ≙ 1 %   → 2760 € : 230 € = **12**
 2760 € ≙ **12 %**

Herr Baumann müsste **12 %** des ursprünglichen Preises mehr bezahlen.

80000 € (Einkaufspreis für 100 F.) **oder:** 80 000 € · 1,2 · 1,235 = **118 560 €**
+ 16000 € (20 % Unkosten)
_____
96000 € (Selbstkostenpreis für 100 F.)   96 000 € : 100 = 960 €
+ 22560 € (23,5 % Reingewinn)   (Selbstkostenpreis für
_____   **einen** Fernseher)
118560 € (**gesamter Nettopreis**
            = Verkaufspreis **ohne** Mehrwertsteuer)

960 € · 80 = 76800 € (Selbstkostenpreis)   960 € · 15 = **14 400 €**
           + 23040 € (30 % Reingewinn)   (**zum Selbstkostenpreis**)
_____
99840 € (**zum Nettopreis**)

80 Stück zum Nettopreis	15 Stück zum Selbst-kostenpreis	5 Stück mit Verlust
99 840 €	14 400 €	4320 €

118 560 €

99840 € (Preis für 80 Stück)   118560 € (Preis für 100 Stück)
+ 14400 € (Preis für 15 Stück)   − 114240 € (Preis für 95 Stück)
_____
114240 € (Preis für 95 Stück)   **4320 €** (**Preis für 5 Stück**)

4320 € : 5 = 864 € (Preis für 1 Stück)   960 € (Selbstkostenpreis)
                                        − 864 € (mit Verlust verkauft)
_____
                                        96 € (**Verlust je Fernsehgerät**)

9 60 € ≙ 100 %
9,60 € ≙ 1 %   → 96 € : 9,6 € = **10**
   96 € ≙ **10 %**

Der Verlust ist **10 %** bei den 5 verkauften Geräten.

127

119 % ≙ 714 €	125 % ≙ 600 €	120 % ≙ 480 €
1 % ≙ 714 € : 119 = 6 €	1 % ≙ 4,8 €	1 % ≙ 4 €
100 % ≙ **600 €** (Nettopreis)	100 % ≙ **480 €** (Selbstkostenpreis)	100 % ≙ **400 €**

Im **Einkauf** hat der Händler **400 €** gezahlt.

Barzahlungspreis:

100 % ≙ 714 €	714,00 € (Verkaufspreis)
1 % ≙ 7,14 €	− 21,42 € (Rabatt)
3 % ≙ 21,42 € (Rabatt)	**692,58 € (Preis bei Barzahlung)**

Bei **Barzahlung** würde das Mountainbike **692,58 €** kosten.

Ratenkauf:

400 € (Anzahlung)	730,00 € (Preis bei Ratenzahlung)
+ 330 € (6 Raten)	− 692,58 € (Preis bei Barzahlung)
730 € (Preis bei Ratenzahlung)	**37,42 € (Ersparnis bei Barzahlung)**

Bei Barzahlung würde Kevin **37,42 €** sparen.

Lösung zur Knobelaufgabe auf der Rückseite
Wenn du **selbst** als **Erster** beginnen darfst, wählst du die Zahl **2**.
Nun ist dein Mitspieler an der Reihe. Wenn er die Zahl 1 addiert, wählst
du die Zahl 2; wenn er die Zahl 2 addiert, wählst du die Zahl 1.
Die von deinem Mitspieler genannte Zahl **ergänzt** du immer **auf 3**.
Du musst immer versuchen, auf die **eingekreisten** Zahlen zu kommen,
also von 2 ausgehend **immer 3 addieren**.

1	(2)	3	4	(5)	6	7	(8)	9	10	(11)
12	13	(14)	15	16	(17)	18	19	(20)	**21**	**22**

Somit **erreichst** du die **Zahl 20** und deinem Mitspieler bleiben nur
noch die **Verliererzahlen 21** oder **22**.
Wenn dein **Mitspieler beginnt**, versuchst du so schnell wie möglich
auf eine der eingekreisten Zahlen zu kommen und auch in jedem
weiteren Spielzug eine der eingekreisten Zahlen zu erreichen.

Knobelaufgabe zum Schluss – Lösung auf der Rückseite

Zuerst suchst du dir einen Spielpartner, zum Beispiel einen Freund oder eine Freundin.

Einer von euch nennt entweder die Zahl 1 oder die Zahl 2, mit der er beginnen möchte. Jetzt ist der andere an der Reihe, der nun entweder die Zahl 1 oder die Zahl 2 zur Anfangszahl addieren muss.

So wechselt ihr euch immer wieder ab. Es dürfen immer **nur** die Zahlen **1** und **2** addiert werden.

Wer als Erster als **Endergebnis** die Zahl 21 oder 22 erreicht, hat **verloren**.

Beispiel:

Jessica beginnt mit der Zahl 2, Philipp addiert die Zahl 1 und erhält als Summe die Zahl 3.

Jetzt ist Jessica an der Reihe, addiert die Zahl 2 zur vorhergehenden Summe und erhält die Zahl 5. Philipp wählt wiederum die Zahl 2 und erhält als Ergebnis die Zahl 7.

Jetzt ist Jessica an der Reihe, addiert die Zahl 1 zur vorhergehenden Summe und erhält die Zahl 8 ...

$2 + 1 = 3$

$3 + 2 = 5$
$5 + 2 = 7$

$7 + 1 = 8$
...
...
...
verloren

Verlierer ist, wer als Erster die Zahl 21 oder 22 erreicht.

▶ Versuche herauszufinden, welchen **Trick** du anwenden musst, um jedes Spiel zu gewinnen. Die **Lösung** findest du auf der **vorhergehenden Seite/Rückseite** diese Blattes.

Gemischte Aufgaben

64 Frau Weiß hat ein neues Auto gekauft, das 7,2 l Benzin auf 100 km verbraucht. Ihr altes Auto verbrauchte 9,6 l.

▶ Wie viel Prozent beträgt die Ersparnis an Benzin?

65 Eine Reisegruppe erhält einen Preisnachlass von 30 %. Deshalb muss jeder Teilnehmer 15,60 € weniger bezahlen als ein Einzelreisender.

▶ Wie teuer ist die Reise für Einzelreisende?

66 In der Klasse 6a sind 12 Jungen und 13 Mädchen.

▶ Wie viel Prozent Jungen und wie viel Prozent Mädchen sind das jeweils?

67 Für dieses Jahr muss Familie Sparsam nur 1469,40 € Heizkosten bezahlen. Ihre Heizkostenrechnung ist deshalb 7 % niedriger als im Vorjahr.

▶ Wie viel muss Familie Sparsam dieses Jahr weniger bezahlen?

▶ Wie viel musste sie im Vorjahr bezahlen?

68 Ein Mountainbike wird für 850 € angeboten. Alexander bezahlt beim Kauf bar und bekommt 4 % Rabatt. Maximilian will in Raten zahlen und nimmt dafür eine Preiserhöhung von 9 % in Kauf.

▶ Wie viel muss Maximilian mehr bezahlen als Alexander?

69 Ingrid und Brigitte sind Schwestern. Ingrid ist 1,65 m groß, Brigitte 1,50 m.

▶ Um wie viel Prozent ist Ingrid größer als Brigitte?

▶ Um wie viel Prozent ist Brigitte kleiner als Ingrid?

Hinweis: Diese Aufgabe geht **nicht** auf. **Runde** auf die **1. Stelle** nach dem Komma.

70 Frau Henning musste ihren Kühlschrank reparieren lassen und bezahlte 83,30 €. Im Rechnungsbetrag waren 19 % Mehrwertsteuer enthalten.

▶ Wie viel Euro betrug die Mehrwertsteuer?

71 Herr Volkmann hat ein Nettogehalt von 1792 €. Er bezahlt 1008 € an Steuern und Sozialabgaben.

▶ Wie viel Prozent betragen die Abzüge (Steuern und Sozialabgaben)?

Beachte, dass vom Bruttogehalt Steuern und Abzüge abgezogen werden und was übrig bleibt ist das Nettogehalt. Dieses wird dann ausgezahlt.

72 Das Ehepaar Weiß kauft ein neues Auto und zahlt 2700 € an. Das sind 15 % des ganzen Preises. Da sie den Restbetrag in 30 gleichen Monatsraten bezahlen wollen, müssen sie für den Restbetrag einen Aufpreis von 4 % bezahlen.

▶ Wie hoch ist eine Monatsrate?

73 Der SV Feuer baute ein Sportheim für 260 000 €. 45 % der Bausumme erhielt der Verein durch Spenden und 33 % vom Staat. Den Rest musste der Verein selbst bezahlen.

▶ Wie viel Prozent musste der Verein als Eigenleistung aufbringen?

▶ Wie viel Euro betrug die Eigenleistung?

74 Im Betriebshandbuch eines Autos steht, dass man bei der Tachometer-anzeige mit einer Abweichung von 6 % rechnen muss. Das bedeutet, dass die tatsächliche Geschwindigkeit 6 % höher oder 6 % niedriger sein kann als die vom Tachometer angezeigte Geschwindigkeit. Frau Flott hat es eilig und der Tachometer zeigt 150 km/h an.

▶ Wie schnell fährt Frau Flott **mindestens**?

▶ Wie schnell fährt sie **höchstens**?

75 Wie viel Prozent der Gesamtfläche sind farbig markiert?

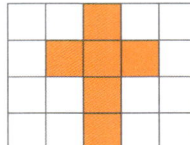 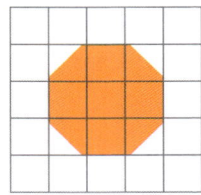

76 Ein Wintermantel wird mit 12 % Rabatt für 220 € verkauft.

▶ Wie hoch war der ursprüngliche Preis?

77 Ein Schrank, der beschädigt ist, wird mit einem Sonderrabatt von 13 % verkauft. Der Rabatt macht 49,40 € aus.

▶ Wie hoch ist der normale Preis des Schranks?

▶ Wie teuer wurde der Schrank verkauft?

78 Herr Klein erhält nach Abzug der Lohnsteuer und Sozialabgaben monatlich 1920 € Gehalt ausbezahlt. Er teilt sein Gehalt so ein: für Lebensmittel 20 %, für Miete 28 %, für Heizung und Strom 7 %, für Kleidung und Wäsche 14 % und für Sonstiges 19,5 %. Den Rest spart er.

▶ Berechne die jeweiligen Beträge.

▶ Wie viel Euro spart er monatlich?

79 Der Preis eines Fernsehapparates wurde von 800 € auf 680 € herabgesetzt.

▶ Um wie viel Prozent wurde der Preis gesenkt?

80 Die Kosten des Urlaubs von Familie Schneider setzen sich so zusammen: $\frac{1}{4}$ kostet der Flug, 32 % müssen sie für die Ferienwohnung bezahlen, 16 % geben sie für Essen und Trinken aus und 648 € für Ausflüge und Sonstiges.

▶ Wie teuer war der Urlaub insgesamt?

81 Wie viel Prozent der Fläche sind farbig markiert?

 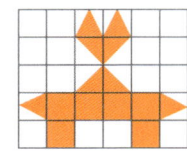

$$\frac{1}{4} + \frac{1}{4} = \frac{1}{2} \text{ (ist farbig)}$$

$$\frac{1}{4} + \frac{1}{4} = \frac{1}{2} \text{ (ist weiß)}$$

82 Frau Rieger kauft eine neue Küche für 8000 €. Sie erhält auf diesen Preis einen Rabatt von 5 %. Vom Restbetrag darf sie noch 2 % Skonto abziehen, da sie sofort bezahlt.

▶ Wie viel bezahlt Frau Rieger für die Küche?

83 Klaus möchte am Wochenende zum Bungee-Jumping gehen. Er weiß bereits, dass er aus einer Höhe von 43 Metern von einer Brücke springen wird und dass sich das 14 Meter lange Seil um 180 % ausdehnt. Schnell rechnet er nach, ob das Seil nicht zu lang ist und er nicht mit dem Kopf ins Wasser eintauchen wird.

▶ Berechne die **gesamte Länge** des ausgedehnten Seils.

▶ Wie viele m ist dieses dann von der Wasseroberfläche entfernt?

▶ Kann er den Sprung riskieren, wenn er nicht ins Wasser eintauchen will?

84 In Neustadt wird der Bürgermeister gewählt. Von 8500 Wahlberechtigten gehen 60 % zur Wahl. Herr Großmann bekommt 70 % der abgegebenen Stimmen.

▶ Wie viele Wähler haben für Herrn Großmann gestimmt?

▶ Wie viel Prozent der Wahlberechtigten haben für Herrn Großmann gestimmt?

Prozentsätze grafisch dargestellt

85 Ein Landwirt besitzt 50 % Ackerland, 30 % Wiesen und 20 % Wald.

▶ Stelle diese Flächen in einem **Streifen**diagramm, das 10 cm lang und 2 cm breit ist, dar.

86 Bei einem Schulsportfest erhielten 108 Teilnehmer eine Ehrenurkunde, 204 Teilnehmer eine Siegerurkunde und 288 Teilnehmer keine Urkunde.

▶ Stelle in einem **Streifen**diagramm (10 cm lang und 1 cm breit) die sportlichen Leistungen grafisch dar.

87 Bei der Klassensprecherwahl bekam Christian 11 Stimmen, Sarah 8 Stimmen und Daniel 6 Stimmen.

▶ Stelle das Wahlergebnis durch ein **Säulen**diagramm dar, bei dem 1 mm Säulenhöhe 1 % entspricht.

88 Auf einer Bundesstraße wurden an einem Tag 1670 Pkws, 532 Lkws, 281 Motorräder und 417 andere Fahrzeuge gezählt.

▶ Mit wie viel Prozent war jede Art von Fahrzeugen beteiligt? Runde auf volle Prozentzahlen.

▶ Veranschauliche diese Zahlen in einem **Säulen**diagramm, bei dem 1 mm Säulenhöhe 1 % entspricht.

89 Ein Krankenhaus gab die Unfallstatistik des letzten Jahres bekannt. Es ereigneten sich 204 Verkehrsunfälle, 138 Sportunfälle und 220 Arbeitsunfälle. Vergleicht man diese Unfälle mit dem vorletzten Jahr, so kann man feststellen, dass die Verkehrsunfälle um 20 % und die Sportunfälle um 15 % zugenommen haben. Die Arbeitsunfälle sind um 12 % zurückgegangen.

▶ Veranschauliche die Veränderungen in einem **Säulen**diagramm, bei dem 1 mm Säulenhöhe 1 % entspricht.

▶ Wie viele Verkehrsunfälle, Sportunfälle und Arbeitsunfälle ereigneten sich im vorletzten Jahr?

90 Familie Fröhlich wollte wissen, wofür
sie das Geld im letzten Urlaub ausgegeben
hat, und erstellte sich deshalb eine Übersicht.
Für Vollpension gab sie 50 %, für Benzin 30 %
und für Sonstiges 20 % ihres Geldes aus.

▶ Veranschauliche diese Ausgaben in einem
Kreisdiagramm.

Beachte, dass der ganze Kreis aus 360° besteht. Dabei gilt immer: **100 %** ≙ **360°**. Daraus
ergibt sich 1 % ≙ 3,6°. Du musst also die Prozentsätze in Winkelwerte umrechnen.

91 Die Festlandsfläche der Erde teilt sich wie folgt auf:
Asien 30 %, Amerika 28 %, Afrika 20 %, Antarktis 9 %, Europa 7 %
und Australien 6 %.

▶ Veranschauliche diese Prozentangaben in einem **Kreis**diagramm.

Beachte, dass die Größe des Kreises dir überlassen bleibt.

92 Sebastian will sich ein Mountainbike für 1300 € kaufen. Er hat erst 390 €
gespart. Seine Eltern bezahlen die Hälfte des Kaufpreises und von seinem
Onkel bekommt er 195 € geschenkt.

▶ Wie viel Geld fehlt ihm noch?

▶ Rechne die Teilbeträge in Prozente um und veranschauliche sie in einem
Kreisdiagramm.

93 **Knobelaufgabe**: Herr Klug will aus einem Bach
4 Liter Wasser schöpfen. Er hat aber nur ein 5-Liter-
und ein 3-Liter-Schöpfgefäß, die keine Maßeinteilung
haben. Es sind auch keine weiteren Umfüllgefäße
vorhanden, das heißt, dass die 4 Liter Wasser sich
am Ende in dem 5-Liter-Gefäß befinden müssen.

▶ Wie muss er vorgehen,
dass ihm dies gelingt?

Du kannst diese Knobelaufgabe auch deinen
Freunden oder deinen Geschwistern stellen.

Test 2

94 In einer Klassenarbeit hat Eva-Marie 51 Punkte bekommen.
Das sind 85 % der Gesamtpunktzahl.

▶ Wie hoch war die Gesamtpunktzahl?

95 Familie Schröder musste bisher monatl ch 750 € Miete zahlen.
Nun wurde die Miete auf 795 € erhöht.

▶ Wie viel Prozent beträgt die Mieterhöhung?

96 Frau Burger kaufte eine neue Couch. Da sie sofort bezahlte, bekam sie
3 % Skonto und musste deshalb nur 911,80 € überweisen.

▶ Wie viel Euro hat sie sich durch die sofortige Bezahlung gespart?

97 Wie viel Prozent der Fläche sind farbig markiert?

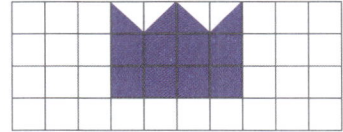

98 Der Preis für einen Computer wurde um 4 % erhöht. Er kostet jetzt 884 €.

▶ Wie viel hat der Computer vor der Preiserhöhung gekostet?

99 Herr Goldmann kauft ein neues Auto, das 25 000 € kostet. Er bekommt
4 % Rabatt. Da er den gesamten Preis sofort bezahlt, erhält er noch 2 %
Skonto.

▶ Wie viel muss Herr Goldmann tatsächlich bezahlen?

3. Kapitel: Endspurt für Könner!
Schwierige Aufgaben

Gewinn und Verlust

100 Eine Lampe wurde zum Einkaufspreis (= Bezugspreis) von 150 € eingekauft. Es kommen noch Unkosten von 20 % dazu. Der Händler möchte einen Gewinn von 25 % erzielen. Die Mehrwertsteuer ist 19 %.

▶ Zu welchem Preis (Endpreis) muss die Lampe verkauft werden?

Versuche den Sachverhalt zu verstehen und die speziellen Begriffe zu unterscheiden.

Ein Geschäftsmann kauft seine Ware bei der Fabrik oder im Großhandel ein. Der Preis, den er dabei bezahlen muss, ist der **Einkaufspreis**, auch **Bezugspreis** genannt. Es entstehen noch weitere Kosten für Transport, Ladenmiete, Löhne, Werbung usw. Man nennt sie **Unkosten** oder Geschäftskosten. Wenn er diese Unkosten zum Einkaufspreis dazurechnet, weiß er wie viel ihn die Ware selbst kostet. Er erhält somit den **Selbstkostenpreis**. Da er auch noch etwas verdienen muss, rechnet er zu den Selbstkosten seinen **Gewinn** dazu und bekommt dann den **Verkaufspreis** ohne Mehrwertsteuer, auch **Nettopreis** genannt. Nun muss er nur noch die **Mehrwertsteuer** dazurechnen und erhält dann den **Endpreis**, zu dem er die Ware tatsächlich verkauft.

Präge dir diese **Begriffe** ganz gut **ein** und **merke** dir unten stehende **Übersicht** gut, denn nur dann kannst du diese und die folgenden Aufgaben lösen.

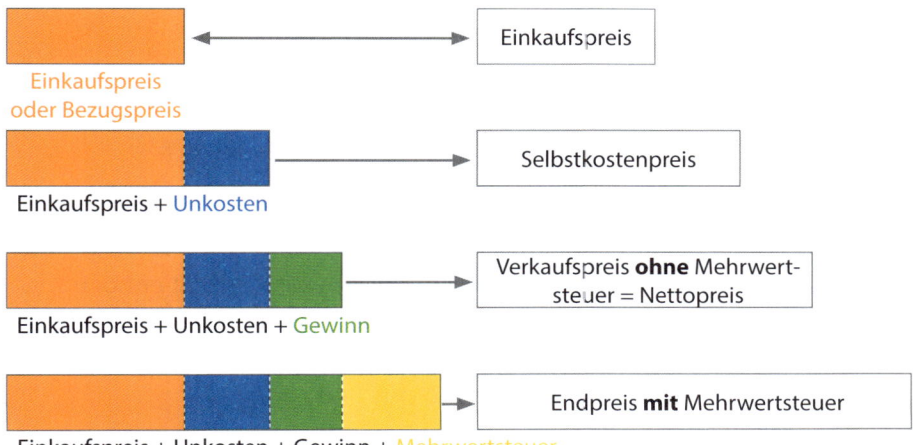

101 Ein Textilhändler kaufte ein Kleid für 38 € ein. Die Unkosten betrugen 12 €. Der Händler möchte einen Gewinn von 20 % haben.

▶ Wie teuer muss er das Kleid verkaufen, wenn noch 19 % Mehrwertsteuer dazukommen?

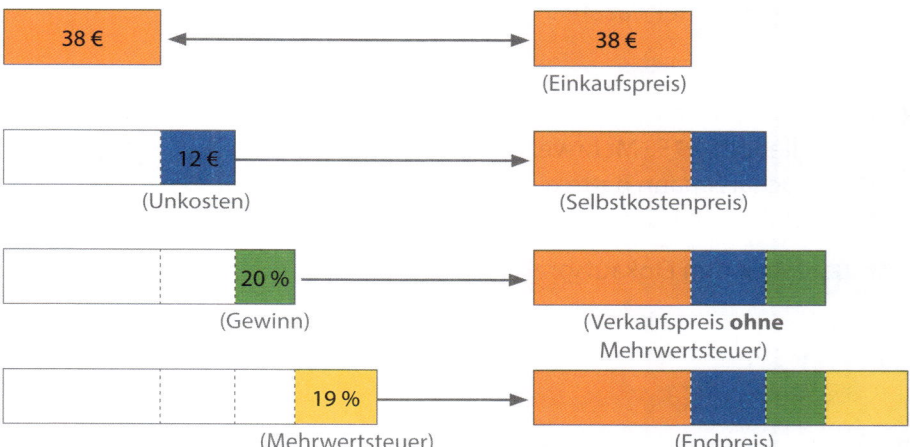

102 Ein Händler kaufte ein Fahrrad für 355 € ein. Die Unkosten betrugen 45 €. Da das Fahrrad beschädigt wurde, musste er es mit 15 % Verlust verkaufen.

▶ Wie hoch war der Verkaufspreis, wenn noch 19 % Mehrwertsteuer dazukommen?

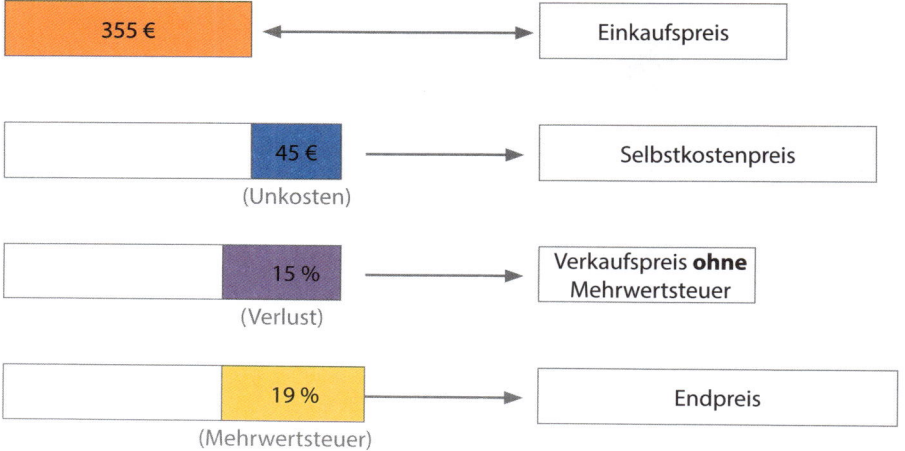

103 Ein Obsthändler bezog Südfrüchte aus Spanien und musste dafür 6000 € bezahlen. Die Unkosten waren 20 %. Da ein Teil der Ware verdorben war, musste der Händler die Südfrüchte mit 5 % Verlust verkaufen.

▶ Wie viel Geld nahm der Obsthändler ein, wenn er noch 7 % Mehrwertsteuer dazurechnete?

104 Eine Blumenvase wurde für 71,40 € einschließlich 19 % Mehrwertsteuer verkauft. Der Geschäftsmann hatte einen Gewinn von 12 €. Seine Unkosten betrugen 20 %.

▶ Berechne den Einkaufspreis der Vase.

Tipp: Mache dir eine **Skizze** vom Einkaufspreis, Selbstkostenpreis, Nettopreis und Endpreis oder sieh dir die Skizze von Aufgabe **100** an.

105 Für ein Paar Turnschuhe zahlt ein Händler im Einkauf 60 €. Die Schuhe wurden zum Endpreis von 95,20 € einschließlich 19 % Mehrwertsteuer angeboten.

▶ Wie hoch ist der Gewinn in Euro, wenn die Unkosten 15 % betragen?

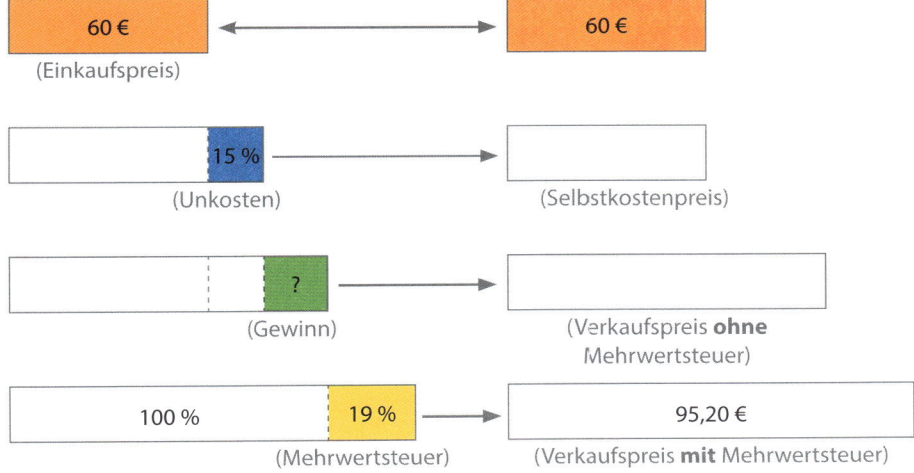

06 Ein Textilhändler hat für eine Bluse im Einkauf 27 € bezahlt. Diese wurde für 47,60 € einschließlich 19 % Mehrwertsteuer verkauft.

▶ Berechne den Gewinn in Prozent, wenn die Unkosten 5 € betragen.

07 Ein Fernsehapparat wurde für 450 € eingekauft und zum Endpreis von 714 € mit 19 % Mehrwertsteuer verkauft.

▶ Berechne die Unkosten, wenn der Gewinn 20 % war.

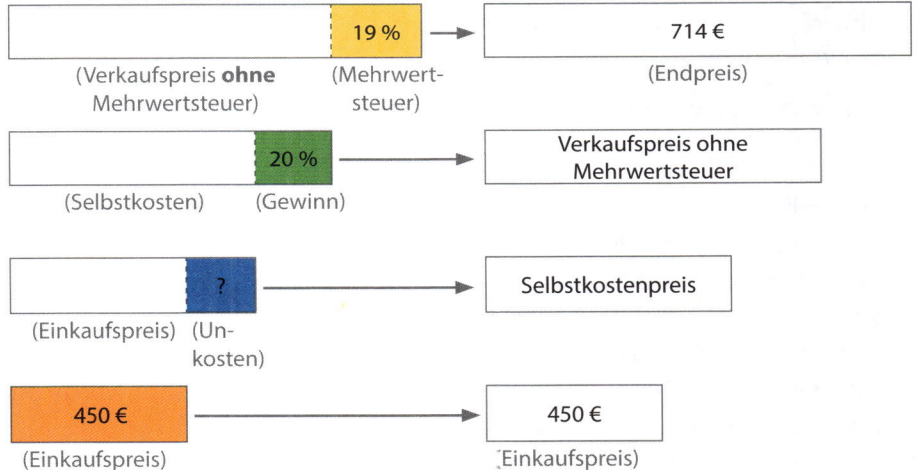

08 In einer Boutique ist Schmuck zum Selbstkostenpreis im Wert von 4800 € ausgestellt. Die Hälfte davon verkauft sie mit 30 % Gewinn. $\frac{1}{3}$ des Schmucks wird zum Selbstkostenpreis und der Rest mit 5 % Verlust verkauft.

▶ Berechne den tatsächlichen Gewinn in Prozent. Runde auf 1 Stelle nach dem Komma, da diese Aufgabe nicht aufgeht.

09 Firma Schmidt kauft 35 Fussballtrikots, das Stück für 60 €, ein. Die Unkosten betragen insgesamt 420 €. $\frac{4}{5}$ der Ware kann sie mit 40 % Gewinn verkaufen, den Rest mit 15 % Verlust.

▶ Wie groß war der tatsächliche Gewinn in Prozent?

„Prozente von Prozenten" und prozentuales Wachstum

110 Ein Kino hat 600 Sitzplätze. 80 % der Eintrittskarten wurden verkauft. 70 % der Kinobesucher waren Jugendliche.

▶ Wie viele Jugendliche haben die Kinovorstellung besucht?

111 Eine Stadt hat 12 500 Einwohner. Am Jahresende stellte man fest, dass die Einwohnerzahl um 5 % gestiegen ist. Im darauffolgenden Jahr stieg die Einwohnerzahl erneut um 4 %.

▶ Wie viele Einwohner hat die Stadt jetzt?

112 Dominik sieht im Computerladen einen Computer für 1200 €, den er sich gerne kaufen würde. Nach 1 Woche wird dieser mit 17 % Rabatt und 3 % Skonto bei Sofortzahlung angeboten. Dominik will nun wissen, um wie viel € der Computer verbilligt wurde.
Er meint, dass man da nur 17 % + 3 % = 20 % addieren muss, und dann als Preisnachlass 240 € erhält (20 % von 1200 € = 240 €). Somit würde der Computer dann nur 960 € kosten.

▶ Überlege, warum dies falsch ist, und rechne aus, wie viel der Computer bei Sofortzahlung tatsächlich kosten würde.

113 Ein Sachverständiger schätzte den Schaden bei einem Autounfall auf 40 % des Neuwerts. Die Kfz-Versicherung zahlte aber nur 75 % der Schadenssumme aus.

▶ Wie hoch war der Neuwert des Autos, wenn die Versicherung 4500 € auszahlte?

14 Ein Hotel nimmt für eine Übernachtung 60 €. Dieser Preis wird um 10 % erhöht. Als aber der Hotelbesitzer feststellt, dass jetzt weniger Leute übernachten, senkt er den neuen Preis wieder um 10 %.

▶ Wie viel kostet eine Übernachtung nach der Preis**erhöhung**?

▶ Wie viel kostet eine Übernachtung nach der Preissenkung?

▶ Um wie viel Prozent hätte der Hotelbesitzer den erhöhten Preis senken müssen, damit eine Übernachtung wieder 60 € kostet, so wie **zu Beginn**?

Diese Aufgabe geht nicht auf. Runde auf 2 Stellen hinter dem Komma.

15 Vermindere die Zahl 7000 um 25 %, das Ergebnis um 10 % und dieses Ergebnis um 4 %.

▶ Welche Zahl erhältst du dann?

▶ Erhöhe die erhaltene Zahl dann um 39 %. Diese 39 % setzen sich aus der Summe von 25 % + 10 % + 4 % zusammen.

▶ Warum erhältst du nicht die ursprüngliche Zahl 7000 wieder?

16 Die Einwohnerzahl einer Stadt ist letztes Jahr um 5 % gestiegen. Dieses Jahr stieg sie erneut und zwar um 8 % und hat jetzt 20 412 Einwohner.

▶ Wie viele Einwohner hatte sie vorletztes Jahr, also vor Beginn des Anstiegs?

Tipp: Bevor du zu rechnen beginnst, überlege was der richtige **Grundwert** ist.

17 Frau Lang hat bei der Bank 5000 € mit 4 % jährlichen Zinsen für 3 Jahre angelegt.

▶ Wie viel Geld bekommt Frau Lang nach 3 Jahren mit Zins und Zinseszins insgesamt zurück?

Tipp: Zinseszins bedeutet, dass die Zinsen am Jahresende nicht ausgezahlt werden, sondern dass diese bei der Bank wieder angelegt werden.

118 Wegen Räumungsverkauf wird ein Fernsehapparat mit 15 % Rabatt verkauft. Bei Barzahlung gewährt der Händler nochmals 2 % Skonto und der Fernseher kostet deshalb nur noch 999,60 €.

▶ Wie hoch war der gesamte Preisnachlass in Euro?

▶ Wie hoch war der Preisnachlass in Prozent?

119 Sophie hat 2000 € gespart und will diese für 2 Jahre anlegen. Dafür hat sie 2 Angebote:
„Plus"-Sparen: Im ersten Jahr 3 % Zinsen, im zweiten Jahr dann 5 % Zinsen. **„Extra"-Sparen**: Im ersten und zweiten Jahr jeweils 4 % Zinsen. Zunächst glaubt sie, dass beide Angebote gleich gut sind. Als sie genau rechnet, stellt sie fest, dass ein Angebot besser ist als das andere.

▶ Bei welchem Angebot bekommt sie mehr Zinsen?

▶ Wie viel mehr bekommt sie?

(**Beachte**, dass der Jahreszins **nicht** ausgezahlt wird und deshalb die Zinsen von jedem Jahr dazukommen.)

120 **Knobelaufgabe**: Felix und seine Schwester Lisa machen mit ihren Eltern eine Wanderung. Dabei kommen sie an einen Fluss und müssen mit einem Boot ans andere Ufer rudern. Dieses Boot kann nur einen Erwachsenen oder zwei Kinder tragen. Alle vier Personen können rudern.

▶ Wie muss sich die Familie aufteilen, dass alle vier Personen ans andere Ufer gelangen? Das Boot muss am Schluss nicht wieder zurückgebracht werden.

Tipp: Versuche es mit einer Skizze und denke daran, dass das Boot auch immer wieder zurück muss.

Du kannst diese Knobelaufgabe auch einem **Freund**, deinen **Geschwistern** oder deinen **Eltern** stellen. Lass dich überraschen, ob sie sie lösen können.

Test 3: Aufgaben für den „Quali"

21 Die Schüler der Klasse 9a bieten beim Schulfest 600 Wurstbrötchen zum Verkauf an. Der Bäcker verlangt 0,18 € je Brötchen, eine Metzgerei liefert die gesamte Wurst für 132 €.

▶ Welchen Preis müssen die Schüler für ein Wurstbrötchen verlangen, wenn sie einen Gewinn von 25 % erzielen wollen?

▶ Die Schüler können aber nur 70 % der Wurstbrötchen zum geplanten Stückpreis verkaufen und müssen die restlichen am Ende des Schulfestes verbilligt für 0,40 € pro Stück abgeben.
Wie hoch ist der tatsächliche Gewinn in Euro?

▶ Berechne den tatsächlichen Gewinn in Prozent.

Hinweis: Bei der Lösung wird die Mehrwertsteuer nicht berücksichtigt.

22 Herr Binder will sich eine neue Fotoausrüstung kaufen. Ein Versandhaus bietet im Katalog einen Fotoapparat mit Zubehör zum Preis von 699 € an. Als Stammkunde erhält Herr Binder 2 % Rabatt. Für Verpackung und Transportversicherung werden zusätzlich 1,5 % des ermäßigten Preises in Rechnung gestellt. Im örtlichen Fachhandel kostet die gleiche Ausrüstung 689 € zuzüglich 13 € für das Zubehör. Der Fachhändler gewährt auf den Gesamtpreis 3 % Nachlass.

▶ Wie teuer kommt die Fotoausrüstung im Versandhandel?

▶ Wie viel müsste Herr Binder beim örtlichen Fotohändler bezahlen?

▶ Um wie viel Prozent bietet der örtliche Fotohändler günstiger an als der Versandhandel?

Hinweis: Runde alle Ergebnisse auf zwei Dezimalstellen.

123 Eine Computerfirma kauft 40 PCs zum Stückpreis von 1500 € ein. Die Firmenleitung kalkuliert mit 20 % Geschäftskosten (Unkosten). Sie legt den Verkaufspreis für ein Gerät auf 2100 € fest. Nur 25 % der Ware kann zum geplanten Einzelpreis verkauft werden. 18 weitere PCs werden später mit einem Sonderrabatt von 15 % verkauft. Die restlichen Geräte werden wegen einer Neulieferung zum Einkaufspreis abgegeben.

▶ Berechne den geplanten Selbstkostenpreis für die 40 PCs.

▶ Wie hoch sind die Gesamteinnahmen?

▶ Um wie viel Prozent weichen die tatsächlichen von den geplanten Einnahmen ab?

Diese Aufgabe geht nicht auf. Runde auf 2 Stellen hinter dem Komma.
Die Begriffe **Geschäftskosten** und **Selbstkostenpreis** werden bei Aufgabe **100** erklärt.

124 Ein Sportgeschäft erhält 150 Tennisschläger zum Einkaufspreis von 12 000 €.

▶ Berechne den Endpreis für einen Tennisschläger, wenn die Unkosten 15 % betragen, der Gewinn 25 % sein soll und dann noch 19 % Mehrwertsteuer dazukommen.

▶ Nachdem $\frac{4}{5}$ der Tennisschläger verkauft waren, musste der Rest verbilligt zum Stückpreis von 130,90 € verkauft werden.

▶ Um wie viel € war der Gewinn niedriger als ursprünglich geplant?

125 Ein Händler bietet Herrn Baumann ein neues Auto zum Barzahlungspreis von 23000 € an. Der Händler nimmt das alte Auto von Herrn Baumann für 5500 € in Zahlung und macht ihm folgendes Leasingangebot: 40 % Anzahlung auf die Restsumme, 36 Monatsraten zu je 150 €. Bei Übernahme des Wagens durch Herrn Baumann nach drei Jahren ist eine Restzahlung von 7860 € zu leisten.

▶ Wie viel müsste Herr Baumann anzahlen?

▶ Wie teuer wäre das neue Auto bei diesem Angebot insgesamt?

▶ Wie viel Prozent des ursprünglichen Kaufpreises müsste er beim Leasingangebot mehr bezahlen?

26 Ein Kaufhaus bezieht 100 Fernsehgeräte zum Stückpreis von 800 €. Die Unkosten betragen 20 %. Nach Abschluss der Verkaufsaktion wird ein Reingewinn von 23,5 % errechnet. Es wurden 80 Stück mit 30 % Gewinn, 15 Stück zum Selbstkostenpreis und 5 Stück mit Verlust verkauft.

▶ Wie groß ist der Verlust in Prozent für die verkauften Fernsehgeräte?

27 Kevin möchte ein Mountainbike kaufen, das ein Fahrradhändler mit 714 € ausgezeichnet hat. Die Mehrwertsteuer beträgt 19 %, für den Gewinn hat der Händler 25 % gerechnet und für die Unkosten 20 %.

▶ Für wie viel Euro hat der Händler das Mountainbike eingekauft?

▶ Wenn Kevin bar bezahlen würde, bekäme er 3 % Rabatt. Wie teuer wäre es dann?

▶ Das gleiche Modell bietet ein anderer Händler zum Ratenkauf an. Anzahlung 400 € und 6 Monatsraten zu je 55 €. Wie viel Euro würde Kevin bei Barzahlung im Vergleich zum Ratenkauf sparen?

Geschafft! Am Ende des Lösungsteils findest du noch eine Knobelaufgabe, die dir hoffentlich Spaß macht.

Stichwortverzeichnis

Ein Pfeil → bedeutet: Schau nach bei ...
grün = leichte
gelb = etwas schwierigere
rot = schwierige Aufgaben
lila = Testaufgaben am Kapitelende